BERLIN

JUDITH JENNER
ELLI KAISER

Der perfekte
MÄDELSURLAUB

 BRUCKMANN

2

Inhalt

Ick liebe Dir!

Spontan, kreativ, etwas schräg – und unglaublich charmant. Eine Liebeserklärung an die Stadt an der Spree

Die Liebe zur deutschen Hauptstadt wächst und wächst. Berlin erlebte in den letzten Jahren einen wahren Tourismusboom. Seit 1993 ist die Zahl der Touristen um 43 Prozent gestiegen. Inzwischen hört man nicht nur rund ums Brandenburger Tor Englisch, Spanisch oder Italienisch. Auch in anderen Stadtteilen wie Kreuzberg oder Prenzlauer Berg herrscht ein babylonisches Sprachengewirr.

Was Berlin ausmacht, ist nicht unbedingt die Schönheit seiner Bauwerke oder seine spektakuläre Lage. Statt Meer oder Berge hat Berlin eine besondere Atmosphäre, einen eigenen Charme zu bieten. Es sind die Lockerheit, die Spontaneität und Kreativität, die die Stadt auszeichnen und so beliebt machen. Damit verdient sie auch am meisten Geld: Denn mangels gewinnbringender Industrie sind Kunst, Design, Medien und andere Dienstleistungen die wichtigsten Einnahmequellen. Wirklich reich ist Berlin im Vergleich zu anderen Metropolen dieser Welt aber nicht: Als »arm, aber sexy« beschrieb Berlins Regierender Bürgermeister Klaus Wowereit treffend seine Stadt.

Die bewegte Geschichte der 3,3-Millionen-Einwohner-Stadt fasziniert viele ihrer Besucher. Erstmalig urkundlich erwähnt wurde Berlin im Jahr 1237. Doch schon viel früher war das Gebiet besiedelt, wie archäologische Funde aus dem Mittelalter belegen. 1701 wurde Berlin preußische Hauptstadt. Davon zeugen bis heute die prachtvollen Bauten der Hohenzollern. In den beiden Weltkriegen spielte Berlin eine Schlüsselrolle, vieles wurde zerstört. Der Mauerbau manifestierte 1961 die Teilung der Stadt. Eine breite alternative Szene gründete sich in den 1960er- und 1970er-Jahren im Westen. Im Osten war Prenzlauer Berg eines der Zentren des Widerstands gegen das DDR-Regime, der schließlich den Mauerfall herbeiführte. Danach wurde Berlin Regierungssitz eines vereinten Deutschlands.

Bis heute ist das einzig Beständige in Berlin der Wandel. Fast täglich öffnen irgendwo neue Geschäfte oder Cafés, Brachen werden bebaut, ganze Bezirke bekommen ein neues Gesicht. Seit einigen Jahren entstehen zum Beispiel neue Häuser und Grünanlagen am Spreeufer. Markierte der Fluss an vielen Stellen die Grenze zwischen Ost und West, eignet er sich jetzt für eine Bootsfahrt oder eine entspannte Radtour entlang des Uferwegs.

Wer sich Berlin als gigantischen Koloss vorstellt, der wird überrascht sein, dass es in vielen Ecken fast dörflich zugeht. Denn abgesehen von den Haupt-Zentren im Osten rund um den Alexanderplatz und im Westen um den Kurfürstendamm hat auch jeder der zwölf Bezirke sein eigenes Flair und seine eigene Mitte. Dort geht es alles andere als anonym zu, und selbst Besucher fühlen sich schnell Zuhause.

Für Freundinnen ist Berlin nicht nur deswegen ein tolles Reiseziel, weil es so viel gemeinsam zu entdecken gibt. Auch unterschiedliche Interessen lassen sich unter einen Hut bringen. Die eine ist auf der Suche nach einem tollen Kerl? Ab ins Berliner Nachtleben. Ohne Sperrstunde tanzen Nachtschwärmer aus aller Welt bis in die Morgenstunden. Ob gediegen oder lässig, für jeden Geschmack ist etwas dabei.

Die andere braucht Erholung von Job und Familie? Auf in eine der Wellnessoasen wie das wunderschöne Liquidrom mit beruhigender Unterwassermusik. Auch zwischendurch gibt es viele Möglichkeiten für einen »Entspannungsquickie«, zum Beispiel auf einer Jademassagebank oder bei einem Schnell-Treatment im Nivea-Haus. Beide benötigen ganz dringend was Neues zum Anziehen? In den Boutiquen der Einkaufsstraßen, in den Shopping-Malls und auf den Kreativmärkten der Stadt werden sie bestimmt fündig. Auf die Freundschaft stößt die Damenrunde dann in einem der guten Restaurants mit einem Gläschen Wein an – vielleicht mit John F. Kennedys legendären Worten »Ich bin ein Berliner«.

Die Mitte

Historisches Zentrum und Szene-Viertel – das kulturelle Herz in der früheren Ost-Innenstadt

Durch die besondere Geschichte der Teilung gibt es in Berlin vieles doppelt, zum Beispiel die Innenstadt. Während rund um den Kurfürstendamm das ehemalige West-Zentrum liegt, lag in Mitte – insbesondere um den Alexanderplatz – zu DDR-Zeiten die Ost-Innenstadt. Nahe dem Brandenburger Tor liegen mit Reichstag und Bundeskanzleramt in diesem Teil der Stadt die wichtigsten Regierungsorgane des Landes. Seit dem Umzug der Regierung von Bonn nach Berlin im Sommer 1999 steht hier die politische Bühne der Bundesrepublik, und US-Präsident Barack Obama wählte bei seinem Staatsbesuch 2013 das Symbol der Wiedervereinigung schlechthin – das Brandenburger Tor – als Kulisse für seine Rede.

Verbunden wird dieser historische Ort durch die Prachtallee Unter den Linden mit dem berühmten Alexanderplatz. Entlang des Weges präsentiert sich die Hochkultur Berlins in Form von Kronprinzenpalais, Staatsoper, Neuer Wache und Humboldt-Universität von ihrer imposantesten Seite. Auf der Museumsinsel präsentieren die Alte Nationalgalerie, Pergamonmuseum, Altes Museum, Bode-Museum und Neues Museum den Besuchern einige der kostbarsten Kulturschätze Deutschlands.

Nordwestlich von Alexanderplatz und Fernsehturm liegt »Szene-Mitte«. Im Dunstkreis von Münz-, Rosenthaler-, Neuer und Alter Schönhauserstraße siedelten sich dort nach dem Mauerfall zunächst angesagte Bars, Restaurants und Modeläden an. Im Laufe der Zeit stiegen die Mieten um ein Vielfaches, heute haben an vielen Stellen die großen Modeketten kleine und feine Shops verdrängt. Wer seiner Spürnase folgt, kann hier aber noch immer die Kreationen junger Berliner Designer finden. Auch an netten Bars und Restaurants mangelt es nicht – wenngleich der improvisierte Charme der Nachmauerjahre inzwischen einem ambitionierten Antlitz gewichen ist.

Legend

Kultur

Shopping

Restaurant

Wellness

Ausgehen

Übernachten

0   300 m

N

Map labels:

Schönheits-kultur

Zionskirch-platz

Die Weinerei

Nola's

Fortschritt-Berlin

Pastelaria A Galao

Platz

Neue Odessa Bar

Kitty Cheng

Shusta

Kaviar Gauche

Baerck

Hotel Amano

Mulackstr. Startstyling

Mädchen-italiener

Volksbühne

Mitte

Casa Camper

Weinmeister-str.

Monsieur Vuong

Kino Babylon

Yoga

Wax in the City

Lux 11

beautySpa Berlin im The Weinmeister

Wood Wood

Motel One

Park Inn by Radisson

Ibis Styles

Hotel Indigo

Spa

Hackescher Markt

Litfaßpl.

Rosa-Luxemburg-Platz

Soho House Berlin

Prenzlauer Tor

Weekend Club

Alexanderplatz

Alexanderplatz

Alexander-platz

Schillingstraße

Kino International

DDR-Museum

Fernsehturm

Berliner Rathaus

Humboldt-Box

Klosterstraße

Friedrichshain-

Jannowitzbrücke

Jannowitzbrücke

Volkspark Friedrichs-hain

Platz am Königstor

Platz der Vereinten Nationen

Strausberger Platz

Strausberger Platz

Märk. Platz

Kreuzberg

Kater Holzig

Spree

el

Spittel-markt

Kultur

Mitte – das bemerken Besucher sofort – ist einer der facettenreichsten und spannendsten Stadtteile Berlins. Kulturell reicht das Spektrum von einer Schönheit, die schon über 1300 Jahre vor Christus gefertigt wurde, der Büste der Nofretete im Neuen Museum, bis hin zu moderner Kunst mit Skandalfaktor in den Kunst-Werken oder den radikalen Inszenierungen an der Volksbühne. Dazu arbeitet der Stadtteil die Geschichte Berlins und des Landes auf. Mit 2711 Stelen setzt er den ermordeten Juden Europas ein Denkmal und ahmt im DDR Museum den Alltag auf der Ostseite der Mauer nach.

✳ Alexanderplatz

Alfred Döbling schrieb einen Roman über ihn, zu DDR-Zeiten war seine Weltzeituhr Treffpunkt für Ost und West, und kurz vor dem Fall der Mauer fand auf dem »Alex« die große Anti-SED-Demo statt. Obwohl der Platz keine Schönheit ist, zieht er fast jeden Berlin-Touristen an – weil hier die Geschichte der Stadt knistert.

Alexanderplatz • S/U Alexanderplatz • www.berlin-alexanderplatz.de

✳ Babylon

1929 als Kino mit Theaterbühne erbaut, gehört das Babylon heute zu den ambitionierten Programmkinos der Stadt. Geboten wird großes **Kino** abseits von Hollywood, dazu Konzerte, Lesungen, Theater und Workshops. Immer sonntags um 16 Uhr gibt es »CinemAperi-tivo«, einen italienischen Film mit anschließendem Aperitif.

Rosa-Luxemburg-Str. 30 • U Rosa-Luxemburg-Platz • 030/2425 9 69 • www.babylonberlin.de

✳ Berliner Fernsehturm

Der 368 Meter hohe Fernsehturm ist das höchste Bauwerk Deutschlands. Die Fahrt nach oben lohnt ungemein. Auf **203 Metern** wartet die Aussichtsetage auf die Schaulustigen, bei gutem Wetter reicht die Sicht bis zu 40 Kilometer weit. Ein Stockwerk höher dreht sich das Restaurant »Sphere« jede halbe Stunde einmal um die eigene Achse.

Panoramastr. 1A • S/U Alexanderplatz • 030/247 57 58 75 • www.tv-turm.de • Mo–So 9–24 (März bis Okt.), Mo–So 10–24 Uhr (Nov.–Feb.)

✳ DDR Museum

Wie war es in der ehemaligen DDR? Gerade junge Menschen können sich

das Leben hinter der Mauer
heute kaum noch vorstel-
len. Das Museum richtet
den Blick auf den **DDR-All-**
tag, beispielsweise in Form
eines echten Plattenbau-Wohn-
zimmers. Anfassen, Schubladen
aufziehen und entdecken, ist
ausdrücklich erlaubt.

Karl-Liebknecht-Str. 1 • Tram Lustgarten • 030/847 12 37 31 •
www.ddr-museum.de • Mo–So 10–20,
Sa 10–22 Uhr • Eintritt: 6 €

✳ Denkmal für die ermor-
deten Juden Europas

Ein wellenförmiges Feld aus 2711 bis zu
4,7 Meter hohen **Stelen** ist Architekt
Peter Eisenmans Versuch, »eine neue
Idee der Erinnerung zu entwickeln«.
Unterhalb der Stelen liegt der Ort der
Information, dessen Ausstellung die
Verfolgung und Vernichtung der euro-
päischen Juden dokumentiert.

Cora-Berliner-Str. 1 • U Brandenburger
Tor • 030/26 39 43 36 • www.stiftung-
denkmal.de

Immer wieder ein Blickfang: der
Berliner Fernsehturm thront über der
Stadt. Besonderer Hingucker ist der
nächtlich erleuchtete Turm.   →

✳ EIGEN+ART

Galerist Gerd Harry Lybke war einer der
Ersten, der auf der heutigen Kunstmeile
Auguststraße eine **Galerie** eröffnete. Er
setzte von Anfang an konsequent auf
die herausragenden Talente seiner Hei-
matstadt Leipzig – wie den heutigen
Szeneliebling Neo Rauch. Wenn nur Zeit
ist für eine Galerie auf der Auguststraße, dann hierher!

Auguststr. 26 • U Rosenthaler Platz •
030/280 66 05 • www.eigen-art.com •
Di–Sa 11–18 Uhr

✳ Friedrichstadtpalast

Das 1984 an der Friedrichstraße errichtete Theater ist der letzte **Prachtbau**

der DDR. Das gewaltige Gebäude ist 80 Meter breit, 110 Meter lang und beherbergt die größte Theaterbühne der Welt. Die aufwendigen Shows und Revuen finden auf Haupt-, Seiten-, Hinter- und Vorbühnen, Eisflächen, Wasserbecken und Podesten statt.

Friedrichstr. 107 • U Oranienburger Tor • 030/23 26 23 26 • www.showpalace.eu

✳ Hackesche Höfe

Shopping und Kultur in einem Aufwasch? Was für eine geniale Kombination! Genau deswegen sind die acht Höfe zwischen Rosenthaler- und Sophienstraße auch so beliebt. In den **wunderschönen Bauten** vom Anfang des 20. Jahrhunderts sind heute kleine Designerläden für Mode, Schuhe und Schmuck untergebracht.

Rosenthaler Str. 40/41 • S Hackescher Markt • 030/28 09 80 10 • www.hackesche-hoefe.com

Geht gar nicht

Angebliche Mauerstücke kaufen an Brandenburger Tor und Co. So lang kann die Mauer gar nicht gewesen sein. Wenn, dann nur von seriösen Quellen kaufen, zum Beispiel im Mauermuseum Checkpoint Charlie.

✳ Humboldt Box

Berlin ist berühmt für seine Baustellen, ein aktuelles Großprojekt ist der Wiederaufbau des **Berliner Stadtschlosses**. Wo zu DDR-Zeiten der Palast der Republik stand, soll bis 2019 das 1950 abgerissene Schloss neu entstehen. Die Humboldt Box informiert auf 3000 Quadratmetern und fünf Etagen über Pläne und Vorhaben.

Schloßplatz 5 • Tram Lustgarten • 0180/503 07 07 • www.humboldt-box.com • tägl. 10–20 Uhr

✳ Kino International

Das ehemalige Premierenhaus der DDR ist eines der schönsten **Arthouse-Kinos** des Landes. In der Panoramabar des stylishen 1960er-Jahre-Baus nippen die Cineasten nach dem Film am Cocktailglas – die monumentalen Wohnblöcke im Zuckerbäckerstil der Karl-Marx-Allee machen das Ambiente perfekt.

Karl-Marx-Allee 33 • U Schillingstraße • 030/24 75 60 11 • www.yorck.de

✳ Kunst-Werke

Gleich nach dem Mauerfall entstand in den Räumen der ehemaligen Margarinefabrik eines der **mutigsten Museen** der Stadt. Mit RAF-Ausstellung, Fassbinder-Retrospektive und einer Rutsche, in der Besucher vom Obergeschoss in den Hof düsen konnten, mischten die

*Im Mittelpunkt stehen die Inhalte des
Zukunftsprojekts Humboldt-Forum
sowie die Gestaltung des Schlossplatzes.*

Kunst-Werke in der Vergangenheit die Kulturszene auf.

Auguststr. 69 • S Oranienburger Str. • 030/243 45 90 • www.kw-berlin.de • Mi–Mo 12–19, Do 12–21 Uhr • Eintritt: 6 €

✳ Neues Museum

Die meisten Besucher strömen hierher, um eine der exquisitesten Schönheiten zu bestaunen: die **Nofretete**. Rund um die berühmte Ägypterbüste gibt es aber noch viel mehr zu sehen, etwa das Gebäude selbst. Stararchitekt David Chipperfield hat das im Zweiten Weltkrieg zerstörte und erst 2009 wiedereröffnete Gebäude aus dem Jahr 1855 so saniert, dass es vor weiterem Verfall geschützt wird – Risse, Einschüsse, Leerstellen und abgebröckelte Fassadenteile allerdings weitestgehend unberührt blieben.

Bodestr. 1–3 • S Hackescher Markt • 030/266 42 42 42 • www.neuesmuseum.de • Fr–Mi 10–18, Do 10 bis 20 Uhr • Eintritt: 14 €

✳ Reichstag

Die **Glaskuppel** von Stararchitekt Norman Foster erlaubt einen spannenden Blick auf den Bundestag. Schlaue Mädels stellen sich nicht an der ellenlangen Schlange an, sondern buchen einen Tisch im Restaurant »Käfer« neben der Kuppel. Zum Essen gibt es den Spaziergang durch das Glaskonstrukt gratis dazu.

Platz der Republik 1 • U Bundestag • 030/22 73 21 52 • www.bundestag.de • Mo–So 8–0 Uhr

✳ Sammlung Boros

Früher Luftschutzbunker, dann Lagerhalle, später Techno-Club: Diese Räume haben ein bewegtes Leben hinter sich. Nach der Jahrtausendwende sind mit der Sammlung Boros Werke von Ai Weiwei, Cosima von Bonin und Wolfgang Tillmans in den Betonklotz eingezogen. Das Ergebnis ist ein bisher ungesehenes **Kunsterlebnis**.

Reinhardtstr. 20 • U Oranienburger Tor • 030/27 59 40 65 • www.sammlung-boros.de • Führungen müssen online gebucht werden

✳ Volksbühne

Verstaubte Klassiker für ein alterndes Publikum – so etwas gibt es an der Volksbühne nicht. Das **progressive** Haus unter der Leitung von Brachial-Regisseur Frank Castorf zieht überwiegend junge Leute zwischen 18 und 35 an. Kein Wunder, dass mit dem Roten und Grünen Salon direkt noch zwei Ausgehadressen im Gebäude untergebracht sind. Hier kommt man nach der Aufführung schnell ins Gespräch.

Linienstr. 227 • U Rosa-Luxemburg-Platz • 030/24 06 55 • www.volksbuehne-berlin.de

Spaziergang vom Brandenburger Tor bis zum Kanzleramt

Wir beginnen unseren Spaziergang am Pariser Platz und atmen noch einmal die Stimmung des Ortes ein – die prächtige Straße Unter den Linden im Rücken, links die Amerikanische, rechts die Französische Botschaft mit Blick auf das Brandenburger Tor. Heute ein Ort urbanen Lebens inklusive Straßenkünstlern, Demonstranten und Musikern, gehörte der Platz nach dem Mauerbau 1961 zum Todesstreifen und ist erst seit 1989 wieder für Fußgänger begehbar.

Diese historische Dimension im Hinterkopf, schreiten wir ungehindert durch das Brandenburger Tor, biegen dahinter rechts ab und laufen die Ebertstraße entlang auf das Reichstagsgebäude zu. Aus der Entfernung erkennt man den Grund, warum sich vor dem altehrwürdigen Bau fast immer eine Schlange bildet: die vom britischen Stararchitekten Norman Foster errichtete moderne Glaskuppel. Wer mag, stellt sich an und schaut von oben in den Plenarsaal oder über die Dächer der Stadt.

Unten laufen wir in Richtung Spree zum Paul-Löbe-Haus, in dem die Büros der Parlamentarier liegen, und das mit dem Marie-Elisabeth-Lüders-Haus auf der anderen Spreeseite, in dem etwa die Parlamentsbibliothek untergebracht ist, architektonisch durch eine Brücke verbunden ist. Der Brückenschlag symbolisiert die Zusammengehörigkeit von Ost- und Westdeutschland.

Wir drehen uns in die andere Richtung und gelangen zum Bundeskanzleramt, dessen Ostseite sich uns hier inklusive großem Ehrenhof mit der Monumentalskulptur von Berlin von Eduardo Chillida präsentiert. Der zentrale Kern des Gebäudes ist das 36 Meter hohe »Leitungsgebäude« mit dem Büro des Kanzlers oder der Kanzlerin und der Staatsminister. Ihr wollt da rein? Im Rahmen des Tages der offenen Tür oder von Hausführungen mit vorheriger Anmeldung kann die »Waschmaschine« – wie die Berliner das Kanzleramt nennen – besichtigt werden.

Shopping

Mädels, packt die Portemonnaies ein! Mitte ist ein absoluter Shopping-Hot-spot. Am Wochenende rollt hier der Easy-Jetset mit seinen Koffern über die mit Baustellen verzierten Bürgersteige. Die internationalen Nachbarn buchen sich ein Ticket im Billigflieger, um in Berlin zu feiern und die Taschen vollzushoppen. Gerade in Mitte gibt es nämlich nicht nur das weltweit austauschbare Sortiment von H&M und Co., sondern auch tolle Stücke junger Modedesigner. Hochwertige Materialien und eine gute Verarbeitung treffen hier auf tragbar coole oder ausgefallen avantgardistische Schnitte – das macht die Berliner Mode so begehrenswert.

✳ Alexa

Über die Art-déco-Architektur des neuen **Einkaufszentrums** wurde in Berlin viel gelästert. Für eine Einkaufstour mit den

Mädels ist das aber völlig egal. Denn das Alexa wartet mit dem großen Shopping-ABC auf. Die Shops und Label reichen von A wie Adidas über H wie Hilfiger oder L wie Lacoste bis Z wie Zara und Zero.

....

Grunerstr. 20 • S/U Alexanderplatz • 030/269 34 00 • www.alexa centre.com • Mo–Sa 10–21 Uhr

✳ Baerck

Baerck ist einer dieser Läden, die Berlin für Fashion Freaks interessant machen und die es in den meisten anderen

← Kleiderschrank to go. Baerck präsentiert internationales Design in ungewöhnlichem Ambiente. Der Traum aller Radlerinnen: Der Kleiderschrank für die Radlerin.

Modemeile Mulackstraße

Wie kreiert man einen Hype? Mit dieser Frage beschäftigen sich PR-Experten tagein, tagaus. Und doch ist die Euphorie um eine bestimmte Sache nur dann authentisch, wenn sie organisch gewachsen ist – so wie in der Mulackstraße. Die kleine Seitenstraße in Berlin Mitte hat sich in den letzten Jahren zu einer wichtigen internationalen Modeadresse gemausert. Man erkennt es an den trendy angezogenen Touristinnen, die mit dem Fashion-Stadtführer in der Hand die Ladenzeile zwischen Alter Schönhauser Straße am östlichen Ende und Rosenthaler Straße in Richtung Westen ablaufen.

Angefangen hat der Legende nach alles 2002, als Yasmine Gauster in der Mulackstraße ihren Bless Shop eröffnete. Das Geschäft verkaufte an dieser Stelle bis 2010 die Mode, Möbel und Tapeten von Ines Karg und Desirée Heiss, die bis heute zusammen unter dem avantgardistischen Label Bless firmieren. Im Umfeld ihrer coolen Klamotten wollten bald auch andere ihre Ware anbieten. Starstyling (S. 23) etwa, der Laden von Katja Schlegel, die mit viel Farbe, verrückten und konzeptionellen Teilen besonders ein künstlerisch angehauchtes Publikum erfreut.

Dass die Designer der Mulackstraße mit ihren kleinen Editionen nicht mit den günstigen Preisen der massenproduzierenden Ketten mithalten können, akzeptiert die Käuferschaft. Die meisten Besucher stammen selbst aus kreativen Berufen und wissen, dass gute Arbeit wie die Taschen und Accessoires von Hecking (S. 20) oder die ausgefallenen Designerstücke bei Baerck (S. 18) ihren Preis hat. Letzteres Geschäft erinnert dank seiner hellen Räumlichkeiten und der Art und Weise der Präsentation an eine Galerie. Hier kommen auch Architekturfans auf ihre Kosten. Das von abcarius + burns geplante Gebäude ist mit seiner auffälligen Panoramaverglasung und der interessanten Lamellenfassade das optische Schmuckstück der Straße.

↑ Mit außergewöhnlichen Schals, bunten Decken und stylishen Handstulpen präsentiert sich Fortschritt Berlin ganz fortschrittlich.

deutschen Städten einfach nicht gibt. Die Ware besteht aus **lokalen und internationalen Designs** von »ACE« bis »45kilo«. Was man hier ersteht, ist garantiert keine Massenware und unter allen Umständen en vogue.

....

Mulackstr. 12 · U Rosa-Luxemburg-Platz · 030/24 04 89 94 · www.baerck.net · Mo–Sa 12–20 Uhr

✳ Fortschritt-Berlin

Es gibt sie: Produkte, die niemand braucht und trotzdem alle haben wollen. Fortschritt Berlin macht es vor, zum Beispiel mit Stolen, deren Enden man sich dramatisch über die Schultern werfen kann, oder Handstulpen ohne Finger. **Feine Materialien** wie Merinowolle, Seide und Bambus verstärken die Kaufsehnsucht.

....

Lottumstr. 7 · U Rosa-Luxemburg-Platz · 030/47 37 44 46 · www.fortschritt-berlin.de · Mo–Mi, Fr 12–19, Do 12–15.30 Uhr, Sa nach Vereinbarung

✳ Hecking

Luisa Hecking weiß: Es sind die Accessoires, die einen Look vervollständigen. Deshalb setzt die Berlinerin nicht wie ihre Nachbarschaft in der Mulackstraße auf die Bekleidung selbst, sondern auf geschmeidige Kaschmirschals, hübsche Perlenketten und die **Handtaschen** des eigenen Labels Hecking Handermann.

....

Gormannstr. 8–9 · U Rosa-Luxemburg-Platz · 030/28 04 75 28 · www.hecking-shop.com · Mo–Fr 13–19, Sa 13–18 Uhr, Di geschlossen

✳ Kaviar Gauche

Das Modelabel von Johanna Kühl und Alexandra Fischer-Roehler gehört zu den angesagtesten Marken der Hauptstadt oder sogar des ganzen Landes. Ihre kreisrunde »Lamella Bag« brachte

Auf der Suche nach Luxus-Accessoires findet frau bei Hecking stylishe Designerstücke. Der Inhabergeführte Store gilt als Geheimtipp unter Fashion-Heros.

Mädels aller Nationen zum Kreischen. Wer auf **klassische Mode** mit einem avantgardistischen Twist steht, sollte Kaviar Gauche einen Besuch abstatten.

Linienstr. 44 • U Rosa-Luxemburg-Platz • 030/28 87 35 60 • www.kaviar gauche.com • Mo–Sa 12–19 Uhr

✳ Quartier 206

Oft umgibt Shopping Malls ein etwas trashiges Flair – nicht so das **luxuriöse Einkaufszentrum** Quartier 206. Käufer wie Schaulustige schweben durch das

↓ *Stairway to heaven. Wer Luxus liebt, kommt im Quartier 206 voll auf seine Kosten. Das Nobelkaufhaus in der Friedrichstraße präsentiert sich in schönstem Art-déco-Flair.*

luftige Atrium über schwarz-weiße Mosaikfliesen und Marmorstufen zu den Shops illustrer Labels wie Etro, Bally, Moschino, Bottega Veneta, Gant, Strenesse und Wolford.

Friedrichstr. 71 • U Französische Straße • 030/20 94 65 00 • www.quartier206.com • Mo–Fr 11–20, Sa 10–18 Uhr

✳ Sabrina Dehoff

Bei Sabrina Dehoff sind sich alle Mädels einig: Ihr **Schmuck** trifft direkt ins Herz. Da funkeln Schmucksteine in zauberhaften Farbtönen an dicken Ringen, Halsketten und Ohrhängern. Grobe Gliederketten verarbeitet sie zu feinen Fingerringen und Armreifen. Da schafft es kaum eine Lady, ohne etwas aus dem Geschäft zu kaufen.

Torstr. 175 • U Rosenthaler Platz • 030/93 62 46 80 • www.sabrina dehoff.com • Mo–Fr 12–19 Uhr

✳ Shusta

Bei Shusta shoppen die Mädels unter sich – und zwar im gesamten Erdgeschoss. Hier haben die Betreiber Fidel Tesfai und Tedros Tewelde ein hochwertiges Sortiment zusammengestellt, das auf Qualität und Originalität setzt. Neben den **modischen Tretern** vom dänischen Label Gardenia gibt es u.a. Sneaker aus Bio-Baumwolle von Veja.

Rosenthaler Str. 72 • U Rosenthaler
Platz • 030/76 21 97 80 •
www.shusta.de • Mo–Sa 11–20 Uhr

✳ Starstyling

Wer Starstyling betritt, sollte schon
etwas Mut zur **Farbe** mitbringen –
denn hier wird mit bunten Tönen geklotzt und nicht gekleckert. Die Label-
gründer Katja Schlegel und Kai Seifried
nähen regenbogenfarbige Fransen an
schwarze Rucksäcke oder bekleckern
Kleider wie einst Jackson Pollock seine
Action Paintings. Absolut abgefahren!

Mulackstr. 4 • U Rosa-Luxemburg-
Platz • 030/97 00 51 82 • www.
starstyling.net • Mo–Sa 12–19 Uhr

✳ The Corner

Katie Holmes war schon da, Jude Law
auch und Claudia Schiffer sowieso. The
Corner kleidet die
Schönen und
die Reichen ein.
Wer diesen exqui-
siten **Concept Store**
betritt, muss sich
über die finan-
ziellen Konse-
quenzen im
Klaren sein. Die
Mode und Acces-
soires der trendigen
Luxuslabels haben
ihren Preis.

↑   Ausgefallene und selbst designte
Schmuckstücke präsentiert die Jung-
designerin Sabrina Dehoff im eigenen
Flagshipstore.

Französische Str. 40 • U Französische
Straße • 030/20 67 09 40 •
www.thecorner.com • Mo–Fr 10.30 bis
19.30, Sa 10–19 Uhr

✳ Wood Wood

Mode aus Dänemark steht bei den
Hipstern dieser Welt seit einer guten
Weile hoch im Kurs. Die **schlichten
Schnitte** und schrägen Muster sehen
aber auch zum Anbeißen aus. Wood
Wood verkauft neben der Eigenmarke
aus Dänemark auch dazu passende in-
ternationale Labels wie beispielsweise
Comme des Garçons, Fjällräven und
SONIA by Sonia Rykiel.

Rochstr. 4 • U Weinmeisterstraße •
030/28 04 78 77 • woodwood.dk •
Mo–Fr 12–20, Sa 12–19 Uhr

Restaurants & Cafés

In Mitte ist der Trend zu Hause – sogar kulinarisch. Vom inzwischen zur Institution gewordenen Restaurant »Monsieur Vuong« trat die vietnamesische Cuisine ihren Siegeszug in andere Stadtteile an. Als fleischlose bzw. rein pflanzliche Küche immer angesagter wurden, poppten in Mitte die entsprechenden Gastrotempel auf. Und natürlich leistet sich ein Stadtteil wie dieser auch ein schickes Promirestaurant – aber halt kein glattgebügeltes wie es in München oder anderen Städten stünde, sondern ein unglaublich cooles wie den »Grill Royal«. So breit gefächert wie die Restaurantszene ist, sind auch die Preise. Sie reichen von um die 7 Euro für ein anständiges vietnamesisches Gericht bis hin zu 150 Euro für ein Stück Fleisch.

✳ Alpenstück

Welches Lokal nun tatsächlich das beste **Schnitzel** der Stadt serviert, darüber scheiden sich die Geister. Das Alpenstück jedenfalls gehört aber auf jeden Fall zu den Anwärtern und bekommt Zusatzpunkte für seine helle und freundliche Einrichtung mit weißen Sitzlounges und einer weniger rustikalen als stylishen Holzwand.

....

Gartenstr. 9 • S Nordbahnhof • 030/21 75 16 46 • alpenstueck.de • Mo–So 18–1 Uhr

✳ Clärchens Ballhaus

Am 13. September 1913 eröffnete das **Tanzlokal** in der Auguststraße. 100 Jahre (!) später ist es beliebt wie eh und je, »Clärchens« Charme ist entwaff-

nend. An alten Holztischen mit rosa Nelken werden zuerst dünne Pizzen verdrückt und danach geht's aufs Parkett. Rentner drehen sich neben Touris und Hipstern im Kreis.

....

Auguststr. 24 • U Oranienburger Tor • 030/282 92 95 • www.ballhaus.de • Mo–So ab 11 Uhr

✳ Cookies & Cream

»Cookie« ist eines der bekanntesten Gesichter im Berliner Nachtleben. Sein mehrfach umgezogener Club »Cookies« ist legendär. Inzwischen hat der Nachtschwärmer nebenan ein **vegetarisches Restaurant** eröffnet – saisonal wechselnde, raffinierte Veggie-Gerichte und cooles Publikum inklusive.

....

Behrenstr. 55 • U Französische
Straße • 030/27 49 29 40 •
www.cookiescream.com • Di–Sa
ab 19 Uhr

Weinbergsweg 8 • U Rosenthaler
Platz • 030/44 04 68 82 • www.galao-
berlin.de • Mo–Fr 7.30–20, Sa 8–20,
So 9–19 Uhr

✳ Dudu

Locker und leger geht es im »Dudu« mit
seiner **asiatischen Cross-over-**
Küche zu. Da darf man schon
mal mit den Stäbchen in den Tellern der anderen nach japanischen
Sushi-Happen oder vietnamesischen
Roastbeefstreifen fischen. Unbedingt
probieren: die knackigen Edamame-
Erbsen als Vorspeise zum Teilen.

Torstr. 134 • U Rosenthaler Platz •
030/51 73 68 54 •
www.dudu-berlin.de • Mo–Fr 12–0,
Sa–So 14–0 Uhr

✳ Galao

Eine der kleinen, feinen versteckten Perlen in Berlin liegt am Weinbergspark in
Mitte. Wer hier zum Frühstück einen
Galao, eine portugiesische **Kaffeespe-**
zialität, und eins der frisch belegten
Sandwiches bestellt, kommt sich glatt
vor wie ein waschechter Berliner.

✳ Grill Royal

Wer ein Extra-Budget für ausgezeichnete Fleischgerichte inklusive Promigucken mit nach
Berlin bringt, muss in den
»Grill«. Hier gibt es zum **1a-**
Steak glamouröse Gesichter serviert. Aber Mädels,
bitte nicht laut kreischen,
wenn Superstars wie George Clooney
oder Leonardo DiCaprio am Tisch vorbeilaufen – das gehört hier dazu.

Friedrichstr. 105b • S/U Friedrichstraße • 030/28 87 92 88 •
grillroyal.com • Mo–So ab 18 Uhr

»Clärchens Ballhaus« lädt nicht nur zu
Speis und Trank. Bekannt und beliebt
ist die Location auch als Ball- und
Konzertsaal. Die Tanzschule lehrt die
passenden Moves. →

✳ Kopps

Vegane Speisen gibt es in immer mehr Berliner Restaurants. Im »Kopps« werden konsequent nur pflanzliche Produkte verwendet. Erstaunlich aber, wie gut der Brotkorb mit veganem Eiersalat oder das Cordon Bleu auch ohne tierische Zutaten schmecken. Ein wahres Gedicht: Das gebackene Eis – ganz ohne Milch.

Linienstr. 94 • U Rosenthaler Platz • 030/43 20 97 75 • www.kopps-berlin.de • Mo–Fr ab 11.30, Sa–So ab 10 Uhr

✳ Kuchi

Das »Kuchi« ist in Mitte ein echter Klassiker unter den **Sushi-Läden**. An langen Bänken sitzt man bei warmem Licht und toller Wand-Deko aus hübschen Kimonostoffen zusammen. Ein heißer Tipp ist My Best Friend's Roll, eine Inside-Out-Sushi-Rolle mit frittierter Gemüse-Tempura und Spezialsauce.

Don't miss

Reservieren, vor allem am Wochenende. Die Zeiten, an denen man einfach mal losschlenderte und sich spontan ins Restaurant begab, sind vorbei. Trotz der Restaurantschwemme in Mitte sind die Läden oft pickepackevoll.

Gipsstr. 3 • U Rosenthaler Platz • 030/28 38 66 22 • www.kuchi.de • Mo–So 12–0 Uhr

✳ Mädchenitaliener

Auf der Karte steht **selbst gemachte Pasta** mit Feigen, Fenchelsalami, Pinienkernen und Rosmarin, an den schlichten Holztischen sitzen einige der schönsten Mädchen der Stadt. Immer wieder unter ihnen: Schauspielerin Anna Maria Mühe, die wie alle anderen auch – trotz des Namens – gern ihren Freund mitbringt.

Alte Schönhauser Str. 12 • U Rosa-Luxemburg-Platz • 030/40 04 17 87 • Mo–Sa 12–0, So 18–0 Uhr

✳ Mogg & Melzer

Ein **Deli**, wie er auch in New York stehen könnte. Oskar Melzer und Paul Mogg bringen mit ihrem geschmackvoll eingerichteten Restaurant New Yorker Esskultur nach Berlin. Unbedingt probieren: Die Fleischdelikatessen wie *Pastrami* oder *Barbecued Brisket* – gegrillt als Sandwich oder kalt zum Salat.

Auguststr. 11–13 • S Oranienburger Straße • 030/33 00 60 70 • www.moggandmelzer.com • Mo–Fr ab 8, Sa–So ab 10 Uhr

Alles andere als aus der Dose: Frische New Yorker Esskultur findet man bei »Mogg & Melzer«, gesunde, vegane Küche bei »Kopps«,

✳ Monsieur Vuong

An »Monsieur Vuong« mit Hungergefühl im Magen vorbeizulaufen – das ist geradezu unmöglich. Zu köstlich duften die asiatischen Kräuter und Gewürze. Das **vietnamesische Restaurant** hat mit seiner kleinen und feinen Auswahl an wechselnden Reis- und Nudel-Gerichten viele Nachahmer gefunden.

Alte Schönhauser Str. 46 · U Rosa-Luxemburg-Platz · 030/99 29 69 24 · www.monsieurvuong.de · Mo–So 12–0 Uhr

✳ Nola's am Weinberg

Die Speisen auf der Karte heißen *Chürbis Suppä* oder *Wijswij Risotto* – und wer ein bisschen Schwizerdütsch spricht, der weiß auch, was er da bestellt. Im Sommer bietet das **urig-moderne Restaurant** eine riesige Sonnenterrasse, im Winter winken deftige Mahlzeiten wie Fondue.

Veteranenstr. 9 · U Rosenthaler Platz · 030/44 04 07 66 · www.nola.de · Mo–So 10–1 Uhr

✳ Pauly Saal

Inspiriert vom Berlin der 1920er-Jahre eröffneten Stephan Landwehr und Boris Radczun das Restaurant »Pauly Saal«. Sie interpretieren sowohl die **deutsche Küche** als auch den mondänen Einrichtungsstil dieser Zeit neu. Serviert wird

etwa Thüringer Schweinebauch mit in Holunder eingelegtem Pfirsich und Senfkörnern.

Auguststr. 11–13 · S Oranienburger Straße · 030/33 00 60 70 · www.paulysaal.com · Mo–Sa 12–15 und 18–3 Uhr

✳ Reinstoff

Wie schmeckt **Zwei-Sterne-Küche**? Dieser Frage kann im »Reinstoff« nachgegangen werden. Maestro Daniel Achilles kocht in der Tradition der Haute Cuisine und nutzt neueste Kochtechniken, etwa die der Molekularküche. Erfreulich ist nicht nur das Essen, sondern auch die lockere Atmosphäre.

Schlegelstr. 26c · U Naturkundemuseum · 030/30 88 12 14 · www.reinstoff.eu · Di–Sa ab 19 Uhr

✳ Weinerei

Tagsüber normales Café und abends genau das, was der Name verspricht. Der Deal: Für 2 Euro bekommt man ein leeres Glas, das man sich nach Belieben aus den **Weinflaschen** auf dem Tresen nachfüllen kann. Dazu gibt es ein Buffet, und am Ende des Abends zahlt der Gast den Betrag, den er als angemessen empfindet.

Veteranenstr. 14 · U Rosenthaler Platz · 030/440 69 83 · weinerei.com · Mo–Sa 10–24 Uhr

Räumen mit großzügiger Verglasung blickt der Yogi in einigen Asana-Haltungen bis zum Berliner Fernsehturm am Alexanderplatz.

Rosenthaler Str. 36 • S Hackescher Markt • 030/27 90 85 03 • www.spirityoga.de

✳ Wax in the City

Hier greift das alte Sprichwort »Wer schön sein will, muss leiden«. Sich von freundlichen Brasilianerinnen erkaltetes **Wachs** inklusive Haaren vom Körper ziehen zu lassen, ist nämlich schon schmerzhaft. Wie schön glatt man sich danach fühlt, läuft aber auf jeden Fall unter »Wellness«. Versprochen!

Alte Schönhauser Str. 33/34 • U Weinmeisterstraße • 030/23 45 67 61 • wax-in-the-city.com • Mo–Fr 11–20, Sa 10–18 Uhr

✳ Yi Spa

Dass draußen die Großstadt tobt, davon bekommen die Wellnessjünger im »Yi Spa« nichts mit. In minimalistischem

↑ *Einfach mal die Seele baumeln lassen und rundum entspannen im exklusiven »Yi Spa«.*

Ambiente geht es bei Thai-, *Hot Stone-* oder hawaiianischer Lomi-Lomi-Massage mit **zenhafter Gelassenheit** zu. Wenn es trotzdem schnell gehen muss, bringt die *Business Anti Stress Body* Massage in nur 30 Minuten Tiefenentspannung.

Monbijouplatz 3 • S Hackescher Markt • 030/28 87 96 65 • www.yi-spa.com • Mo–So 12–20 Uhr

Ausgehen

Mitte war nach dem Mauerfall der Bezirk der illegalen Partys – wo in leer stehenden Wohnungen in irgendwelchen Hinterhöfen Bars öffneten und schon in der nächsten Woche weiterzogen. Heute ist der Platz knapper, die Mieten sind gestiegen – aber eines ist geblieben: die Liebe zum betont Lässigen und leicht Abgerockten, zu Patina und Imperfektion. Das hält einige der neuen Läden im Bezirk allerdings nicht davon ab, sündhaft teure Möbel, Kunst oder sonstige Einrichtungsgegenstände aufzustellen. Nur schickimickimäßig aussehen darf das Endergebnis bitteschön auf gar keinen Fall. Besonders gut: Wenn die Bar von außen so unscheinbar ausschaut, dass nur Eingeweihte sie erkennen.

✳ Bravo

Das »Bravo« hat den Ruf eines »Baggerschuppens«, aber das ist ja nicht in jeder Lebenslage das Schlechteste. In der Regel wird die Bar mit Tanzfläche so voll, dass die Tuchfühlung von ganz allein kommt. Dass viele der gespielten Pop songs wohl eher ironisch gemeint sind, interessiert bei dem großzügigen Mischungsverhältnis der Drinks niemanden.

···

Torstr. 230 • U Oranienburger Tor • www.bravo-bar.de • Mi–Sa ab 22 Uhr

✳ Cookies

Lange wollte die **Nachtleben-Legende** Heinz Gindullis aka »Cookie« die Adresse seines ständig die Location wechselnden Clubs nicht öffentlich verraten. So machte er ihn so interessant, wie keine Veröf-

fentlichung es geschafft hätte. Heute ist der Club kein Geheimtipp mehr, aber eine ziemlich tolle Institution.

···

Friedrichstr. 158 • U Französische Straße • 030/280 88 06 • www.cookies.ch • Di, Do ab 22 Uhr

✳ Drayton Bar

Ein wenig Berlin-Atmosphäre der 1990er-Jahre-Partyszene kommt bei der Ankunft in der »Drayton Bar« auf. Versteckt im Hinterhof hinter einer **unspektakulären Tür** liegt die Eingeweihten bekannte Bar im Stil der 1920er-Jahre. Goldene Pfauen auf dem Tresen erinnern an die wilden Zeiten. Ein versierter Barmann mixt einem den Drink des Abends auf den Leib.

···

Behrenstr. 55 • U Französische
Straße • 030/680 73 04 73 •
www.draytonberlin.com • Di–Sa
ab 19 Uhr

✳ Felix

Das Ambiente ist ge-
hoben, die Portemon-
naies prall gefüllt, ein
Wirtschaftsstudium steht hoch im Kurs:
Im »Felix« feiert sich das betuchte Berlin zwischen bunt **schillernden Licht-
säulen** und einer der modernsten
Soundanlagen Europas. Passender-
weise hat sogar Paris Hilton dem Laden
schon einen Besuch abgestattet.

Behrenstr. 72 • U Französische
Straße • 030/301 11 71 52 • www.
felix-clubrestaurant.de • Mo, Fr–Sa
ab 23, Do ab 21 Uhr

✳ King Size Bar

Die Drinks kommen in Whisky-Tumb-
lern, und die mit Seidenvelours bezoge-
nen Barhocker sind angeblich aus
Palermo importiert. Mehr muss man
über das »King Size« nicht wissen. In
diesem Laden geht es um **Trinken, Tanzen, Feiern**. In Räumen, die so klein
sind, dass ihr Namensgeber wohl ein
Scherzbold gewesen sein muss.

*In der »Drayton Bar« erweckt das Art-
déco-Ambiente die goldenen 1920er-
Jahre zum Leben. →*

Friedrichstr. 112b • U Oranienburger
Tor • www.kingsizebar.de • Mi–Sa
21–7 Uhr

✳ Kitty Cheng

Im Sommer liegen auf dem Bürgersteig
bunte Teppiche aus, innen nippt das Publikum zu jeder Jahreszeit im schnörke-
ligen **Flohmarkt-Chic** an den solide
gemixten Cocktails. Manch einem ist
das »Kitty Cheng« zu kitschig, andere
blühen in Anwesenheit von Plüschsofas
und goldenen Ornamentrahmen erst
richtig auf.

Torstr. 99 • U Rosenthaler Platz •
030/92 36 89 75 • www.kittycheng.de •
Mo–Sa ab 21 Uhr

✳ Neue Odessa Bar

Die Torstraße hat sich in den letzten
Jahren zu einer veritablen **Ausgeh-
meile** entwickelt. Eine der zentralen

Adressen ist die Nummer 89, wo die »Neue Odessa Bar« liegt. Zum Publikum gehört das schrill zurechtgemachte Mode- und Kunstvolk aus Berlin Mitte – den Moscow Mule aus Wodka, Ginger Beer, Limettensaft und Gurke immer in der Hand.

Torstr. 89 • U Rosenthaler Platz • 0171/839 89 91 • www.neueodessa bar.de • tägl. ab 19 Uhr

☀ Picknick

Der **coole Club** spielt House, HipHop und manchmal Pop und beweist in regelmäßigen Abständen sogar Mut zur Ironie. Unter dem Motto »I love Engtanz« laufen Klassiker wie *Dreams are my Reality*, *The Power of Love* oder *Back for Good,* und getanzt wird dann wie damals bei *La Boum – Die Fete*: ganz eng.

Dorotheenstr. 90 • S/U Friedrich- straße • www.picknickberlin.de • Sa ab 23 Uhr

☀ Tausend Bar

Noch so eine Tür, an der man ohne eingeweiht zu sein, einfach vorbeilaufen würde. Die Bar »Tausend« am Schiffbauerdamm öffnet auf ein Klingeln hin ihre Pforte. Winkt der Türsteher durch, wartet innen eine **stylishe Bar** mit lauter Musik und exzellentem Restaurant im Hinterzimmer auf das bunte Partyvolk.

Schiffbauerdamm 11 • S/U Friedrich- straße • 030/27 58 20 70 • www.tausendberlin.com • Di–Sa ab 19.30 Uhr

☀ Weekend

Nicht nur am Wochenende, aber auch dann öffnet das Weekend in der **12. Etage** im ehemaligen »Haus des Reisens« der DDR. Mit erhabenem Blick auf den Alexanderplatz wird hier zu House und coolen Electro-Sounds getanzt. Im Sommer kann man auf der Dachterrasse im 15. Stock die Sonne aufgehen sehen.

Alexanderstr. 7 • S/U Alexanderplatz • 030/24 63 16 76 • Events und Öffnungs- zeiten auf www.week-end-berlin.de

Geht gar nicht

Eine Tour mit dem Bier- Bike – super peinlich. Auf diesem »Spaßfahrrad« sitzen die Fahrer im Kreis und trinken trampelnd Alkohol. Wer ein Glas trinken möchte, setzt sich bitte einfach in eine Bar.

Gepflegtes Ambiente und ausgezeichnete Drinks treffen in der »Neuen Odessa Bar« aufs Ausgezeichnetste zusammen.

 Übernachten

Einfach nur zum Schlafen ins Hotel und dann Augen zu und durch – das erwartet den Berlinbesucher in Mitte nicht. Der Trendbezirk zeigt sich auch bei seinen Herbergen stilsicher. Selbst günstige Hostels und Hotels zeigen ein gutes Gespür für harmonische Farben und Einrichtung. Wer schön schlafen möchte, muss also nicht ins gehobene Designhotel – kann es aber natürlich. Mitte hat eine vielfältige Hotellandschaft mit herausragenden Häusern, deren Interior-Design vollkommen neue Maßstäbe setzt und die Übernachtung selbst zu einem eigenständigen Berlin-Erlebnis werden lässt. Da fängt das Sightseeing schon auf dem Zimmer an.

✳ Arte Luise Kunsthotel

50 Zimmer, 50 Künstler, **50 Kunstwerke** – so lautet das Motto im »Arte Luise Kunsthotel«. Für jedes Zimmer konnte ein anderer Künstler gewonnen werden. Im »Safari-Zimmer« von Dieter Finke avancieren Baumstämme zu Nachttischen, im Zimmer »Some like it hot« erinnern grafische Pinselstriche an das ikonenhafte Gesicht von Marilyn Monroe.

Luisenstr. 19 • Tram Karlplatz •
030/28 44 80 • www.luise-berlin.com

✳ Casa Camper

Das Hotel zum Schuh: Das spanische Schuhlabel Camper macht mit seinem »Casa Camper« nun auch in Hotels. Ähnlich wie die bequemen Schuhe der Firma verbindet auch die Herberge

Praktisches mit **Ästhetik**. In den 51 Zimmern und Suiten herrscht ein lockerer Ton mit viel Liebe zu Pragmatik und Schönheit zugleich.

Weinmeisterstr. 1 • U Weinmeisterstraße • 030/20 00 34 10 •
www.casacamper.com

✳ Cosmos Hotel

Lässiger Luxus und persönlicher Service gehen im »Cosmos Hotel« eine unschlagbare Verbindung ein. Die 84 Zimmer und Suiten zeigen sich in **zeitgenössischem Design**, der Concierge regelt alle individuellen Wünsche, und das pralle Leben der Stadt liegt in Laufweite vor der Tür. Das hauseigene Restaurant überzeugt mit nachhaltiger und ökologischer Küche der Region.

Königlich zu ruhen ermöglicht das »Arte Luise Kunsthotel«. Jedes Zimmer ist individuell gestaltet.

↑ Sich wohlfühlen im Kolonialstil: Das »Hotel Honigmond« präsentiert sich geschmackvoll.

Spittelmarkt 13 • U Spittelmarkt • 030/58 58 22 22 • www.cosmo-hotel.de

☀ Der Neue Weltempfänger

Genau drei Zimmer hat der »Neue Welt-empfänger« in **schöner Lage** am Arko-naplatz. Den größten Luxus bietet Zimmer 11 mit Badewanne und einem angeschlossenen Wohn- oder Arbeits-zimmer. Im Restaurant im Erdgeschoss finden sich immer nette Menschen zum Plaudern, sonntags ist nebenan Floh-markt.

Anklamer Str. 27 • U Bernauer Straße • 0177/320 05 33 • www.derneuewelt empfaenger-berlin.de

☀ Honigmond Garden Hotel

Das kleine Privathotel im historischen Zentrum Berlins. Die 60 Zimmer teilen sich auf zwei verschiedene Wohnwelten auf – das »Honigmond Restaurant Hotel« und das »Garden Hotel«. In die Zimmer floss jede Menge Herzblut, jedes Einzelne ist liebevoll **individuell** gestaltet und somit ein Unikat. Die bei-den Häuser liegen 300 Meter voneinan-der entfernt.

Invalidenstr. 122 • S Nordbahnhof • 030/28 44 55 77 • www.honigmond-berlin.de

☀ Hotel Amano

Dieses Hotel frequentieren sogar Berli-ner, nicht um hier zu nächtigen, sondern um in der exquisiten Hotelbar zu feiern. Oben auf den Zimmern geht es dem Ambiente entsprechend ähnlich **mo-dern gediegen** zu. Dafür sorgen Holz-parkett, hochwertige Materialien, klare Formen und eine dezente Farbpalette aus verschiedenen Weiß- und Grau-tönen.

Auguststr. 43 • U Rosenthaler Platz • 030/809 41 50 • www.amanogroup.de

☀ Hotel Ibis Styles

Mit einer 1a-Lage direkt am Alexander-platz, kostenlosem WLAN und einem ordentlichen Frühstück als Stärkung für den Tag punktet das »Hotel Ibis Sty-les«. Die **preisgünstigen** Zimmer sind

Schlemmen in der Jüdischen Mädchenschule

»Die Selbstverständlichkeit, mit der Berliner Kunstszene und jüdisches Gemeindeleben Tür an Tür leben, macht Mut. 80 Jahre nach seiner Errichtung ist das Bauwerk in der Normalität eines urbanen Kulturtreffpunkts angekommen, ohne Überwachungskameras und Sicherheitsschleuse«, schrieb die *Frankfurter Allgemeine Zeitung* nach der Wiedereröffnung der Jüdischen Mädchenschule 2012. Nach einer bewegten Geschichte hat der von Architekt Alexander Beer nach den gestalterischen Prinzipien der Neuen Sachlichkeit errichtete Bau eine neue Bestimmung gefunden – mit der sich ein Kreis schließt.

Aber fangen wir vorn an. Nach diversen Zwischenstationen war die erste Schule für jüdische Schülerinnen in Berlin 1930 in das damals brandneue Gebäude in der Auguststraße 11 bis 13 gezogen. Die Mädchen wurden in Hebräisch und in traditionellen Formen der Kunst unterrichtet – bis 1942, als sämtliche jüdische Schulen in Deutschland von den Nationalsozialisten geschlossen und die meisten Schülerinnen und Lehrkräfte deportiert wurden und tragische Schicksale in den Todeslagern erlitten.

Nach zahlreichen kurzfristigen Zwischennutzungen konnte die Schule 2009 der Jüdischen Gemeinde Berlin übergeben werden, welche einen langen Mietvertrag zur kulturellen und gastronomischen Nutzung vergab. Seit 2012 ist mit dem Restaurant »Pauly Saal« (S. 28) und dem Bistro »Mogg & Melzer« (S. 26) endlich wieder jüdisches Leben in die alte Mädchenschule eingekehrt. Der »Kosher Classroom« im »Pauly Saal« serviert jeden Freitagabend im ehemaligen Biologieraum der Schule ein traditionelles jüdisches Shabbat-Essen inklusive Kosher-Inspektor, und bei »Mogg & Melzer« nebenan geht es zu wie in einem der typischen jüdischen Delis in New York. Hier gibt es Snacks wie Pastrami Sandwiches, New York Cheesecake oder israelisches *Shakshuka*. Wer anschließend noch ein bisschen Zeit für Kultur hat, findet auf den oberen Etagen eine Kunstgalerie und ein Museum.

www.beautyspaberlin.de · telefonische Terminvereinbarung

Friedrichstr. 106 · U Oranienburger Tor · 030/28 49 00 · day-spa-berlin.de · tgl. 12–22 Uhr

✳ Cowshed Spa

Der Spa im Privatclub **Soho House** steht glücklicherweise auch Nicht-Mitgliedern offen. Auf speziell entworfenen und extrem komfortablen Maniküre- und Pediküre-Sesseln macht sich das geschickte Personal an Händen und Füßen zu schaffen. Dazu gibt es fünf Einzelbehandlungsräume, eine Sauna, ein Dampfbad und ein großes Hamam.

Torstr. 1 · U Rosa-Luxemburg-Platz · 030/405 04 40 · www.sohouse berlin.de/cowshed · Mo–Fr 9–22, Sa, So 10–22 Uhr

✳ Nivea Haus

Die Gesichtscreme aus der blauen Blechbüchse kennen wir alle aus der Kindheit. Jetzt bietet Nivea neben einer Dependance in Hamburg auch in Berlin **»Entspannung to go«** an. Spontan und ohne Termin werden hier beispielsweise vom Shopping müde gelaufene Füße mit der Wolke 7-Massage wiederbelebt.

Unter den Linden 28 · U Französische Straße · 030/20 45 61 60 · www.shop.nivea.de · Mo–Sa 10 bis 20 Uhr

✳ Day Spa im Riverside Hotel

Perfekt für einen Mädelsausflug: Die goldene Ausstattung liegt an der Schnittstelle von Hollywood und Kitsch, und das **Verwöhnprogramm** entführt mit allen Sinnen nach Südostasien, in den Orient oder nach Hawaii. Wem ein Masseur allein schon immer zu wenig erschien, setzt am besten auf die vierhändige balinesische Massage.

Nun auch in Berlin! Dem Beispiel des Nivea Hauses in Hamburg folgend lädt die bekannte deutsche Pflegemarke hier zum Relaxen ein. →

Torstr. 1 • U Rosa-Luxemburg-Platz •
030/405 04 41 30 •
www.sohohouseberlin.de

✳ St. Oberholz

Unten sitzt die digitale Boheme an
ihren aufgeklappten Rechnern bei kostenlosem WLAN im Café. Oben wohnen
die Berlin-Gäste in 125 Quadratmeter
großen **Wohnungen** mit Blick auf den
zentral gelegenen Rosenthaler Platz.
Jede Wohnung hat fünf Zimmer mit gra-
vierten Glastüren, verspiegelten Fenstern und je drei Balkonen.

....

Rosenthaler Str. 72a • U Rosenthaler
Platz • 030/24 08 55 86 •
www.sanktoberholz.de

↑   *Der Eingang des Designhotels »The
Weinmeister« macht schon richtig was
her. Kein Wunder, dass Designfans an-
gezogen werden wie Motten vom Licht.*

✳ The Weinmeister

Wenn sich ein Hotel selbst als das
coolste Designhotel der Stadt be-
zeichnet, ist natürlich Vorsicht geboten.
Aber: »The Weinmeister« ist mit seiner
zentralen Lage an den Hackeschen
Höfen und einem Kundenstamm aus

der Film-, Musik- und Modebranche
tatsächlich ziemlich lässig. Das Marken-
zeichen der Zimmer sind Betten mit
einem umarmenden XXL-Kopfteil.

....

Weinmeisterstr. 2 • U Weinmeisterstraße • 030/755 66 70 • www.
the-weinmeister.com

Der Süden

Kreuzberg und Neukölln: Multikulti mit
Szene-Flair – 1980er-Jahre-Atmosphäre und
eine wunderbare neue Hipster-Welt

Jung, frech und multikulti, diesen Ruf hat sich Kreuzberg in den vergangenen dreißig Jahren über die Stadtgrenzen hinaus erarbeitet. War der Westberliner Bezirk früher eher proletarisch geprägt, verschafften ihm die Hausbesetzer in den 1980er-Jahren ein neues Flair. Bis heute herrscht am 1. Mai rund um den Mariannenplatz und die Oranienstraße Revoluzzer-Atmosphäre, wenn linke Gruppen zu Demos aufrufen und engagierte Bewohner dem drohenden Krawall ein buntes Volksfest entgegensetzen.

Türkische und arabische Einwanderer, die in den 1970er-Jahren als Gastarbeiter nach Deutschland kamen, prägen besonders die Gegend um das Kottbusser Tor. Der bunte Wochenmarkt am Maybachufer mit vielen orientalischen Ständen ist inzwischen eine Touristenattraktion. 2010 wurde nach langer Bauzeit die Umar Ibn Al-Khattab-Moschee am Görlitzer Bahnhof eingeweiht. Älter ist allerdings die große ehitlik-Moschee am Neuköllner Columbiadamm neben dem Tempelhofer Feld.

Kreuzberg hat viele Gesichter: In manchen Gegenden hat der Bezirk große Ähnlichkeit mit Prenzlauer Berg, so rausgeputzt sind die Cafés, Geschäfte und Menschen. Die Bergmannstraße etwa ist eine wunderbare Flaniermeile zum Shoppen, Kaffeetrinken und Essengehen. Etwas rauer geht es rund um die Oranienstraße und in der Gegend um das Schlesische Tor zu. Die Gegend an der Spree war zu Mauerzeiten Niemandsland. Ein alter Grenzturm gegenüber der Konzertlocation »Arena« erinnert an die Teilung Berlins.

Zunehmend interessanter sind in den vergangenen Jahren einige Gegenden von Neukölln geworden. Besonders in »Kreuzkölln« haben viele junge Designer ihre Ateliers eröffnet, es gibt originelle Cafés und Bars. Ganz langsam entwickelt sich auch der Schillerkiez, der an das Tempelhofer Feld grenzt. Der ehemalige Flughafen ist heute eine riesige Freifläche mit jeder Menge Platz zum Radfahren, Kite-Skaten oder um in der Sonne zu sitzen.

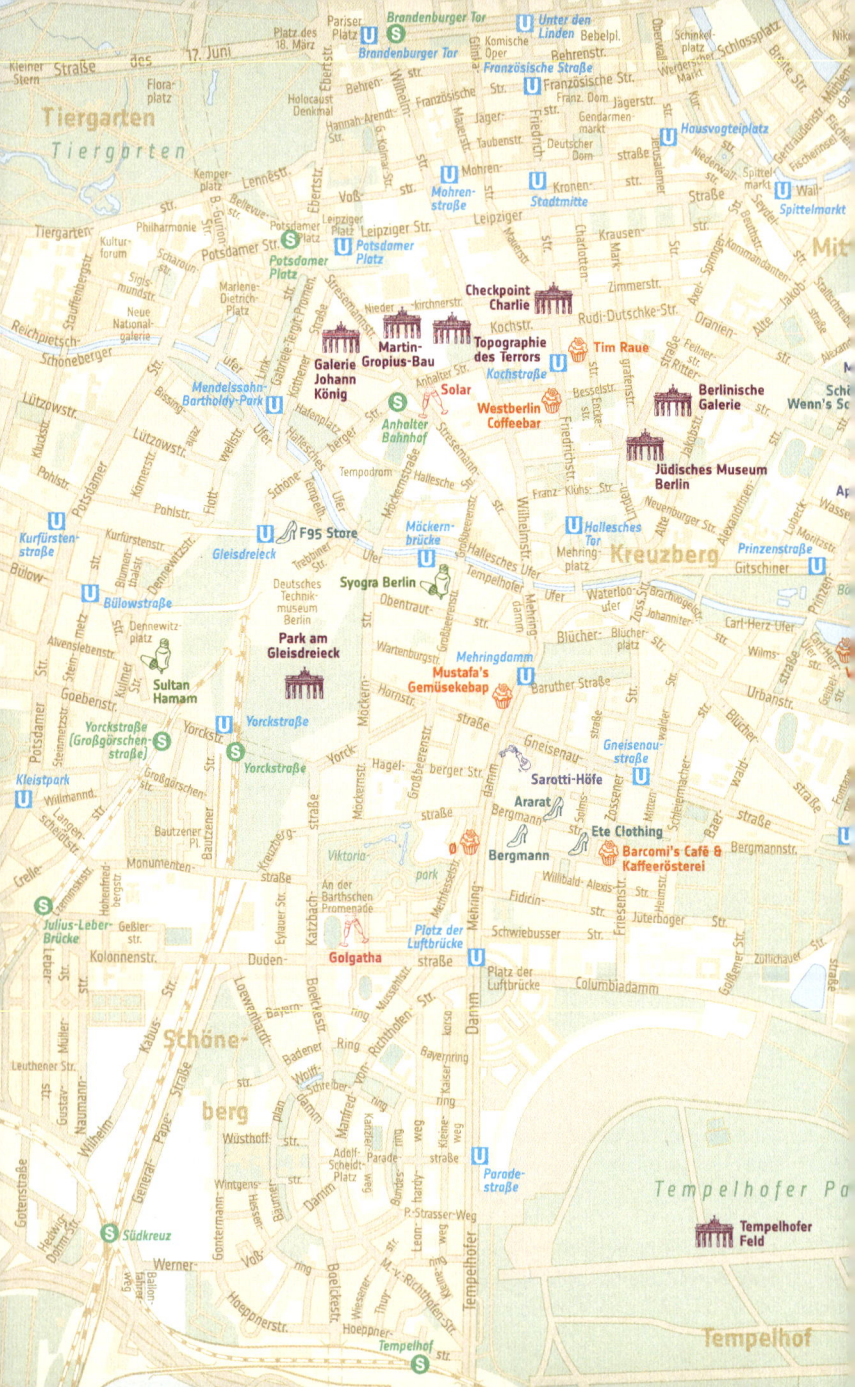

Kultur

Montag ist Museumstag, zumindest in Kreuzberg. Während die meisten großen Häuser in Mitte oder Charlottenburg geschlossen haben, haben das Jüdische Museum, die Berlinische Galerie und der Martin-Gropius-Bau geöffnet. Doch Kultur spielt sich in Kreuzberg nicht nur in Museen ab. Eine bunte Galerienszene hat sich rund um den Checkpoint Charlie entwickelt, dem wohl berühmtesten Grenzübergang zwischen Ost und West. Das Mauermuseum informiert dort über Fluchtschicksale während der deutschen Teilung. Auch der Gleisdreieckpark, früher ein Bahngelände, oder die weitläufige Grünfläche des ehemaligen Flughafens Tempelhof, sind wichtige Sehenswürdigkeiten, belegen sie doch den steten Wandel der Stadt.

✳ Berlinische Galerie

Das Museum gibt auf zwei Ebenen einen Überblick über die Berliner Kunstszene ab 1870 mit Schwerpunkten auf Dada Berlin, der Neuen Sachlichkeit oder der Kunstszene zu Mauerzeiten. Zu sehen sind vor allem Arbeiten mit einem **regionalen Bezug**. Spannend sind die wechselnden Sonderausstellungen und Veranstaltungsreihen.

....

Alte Jacobstr. 124 • U Hallesches Tor • 030/78 90 26 00 • www.berlinische-galerie.de • Mi–Mo 10–18 Uhr, Di geschlossen • Eintritt: 8 €

✳ Checkpoint Charlie/ Mauermuseum/Black Box

Der berühmteste **Grenzübergang** zwischen West und Ost gehört zum Pflichtprogramm eines Berlinbesuchers. Das Mauermuseum gibt einen Überblick über die Geschichte der Mauer und beschäftigt sich mit dem Thema Flucht und Fluchthilfe. Nebenan kann man die BlackBox Kalter Krieg besuchen.

....

Friedrichstr. 43–45 • U Kochstraße • 030/2 53 72 50 • www.mauer museum.de • tgl. 9–22 Uhr • Eintritt: 12,50 €

Don't miss

Einen tollen Blick über die Stadt hat man von dem Heißluftballon mit dem WELT-Logo. Er startet in der Nähe vom Checkpoint Charlie.

✳ Galerie Johann König

In seiner weitläufigen Ausstellung zeigt der Galerist
zeitgenössische Kunst
von teils aufstrebenden,
teils bereits etablierten
jungen Künstlern. Skulptur,
Malerei, Fotografie oder
Performance sind gleichermaßen vertreten. Demnächst wird
die Galerie in eine ehemalige Kirche in Kreuzberg umziehen.

Dessauer Str. 6–7 • U Mendelssohn-
Bartholdy-Park • 030 26 10 30 80 •
www.johannkoenig.de • Di–Sa 11 bis
18 Uhr

✳ Jüdisches Museum

In dem Bau von Daniel Libeskind wird
mit modernen Mitteln anschaulich die
Geschichte des jüdischen Volkes er-
zählt. Dabei nimmt die Architektur
Bezug auf die Ausstellungsinhalte, beispielsweise im Holocaustturm oder dem
Garten des Exils. Wechselnde Sonderausstellungen beziehen sich auf aktuelle
Themen aus Kultur und Gesellschaft.

Lindenstr. 9–14 • U Hallesches Tor •
030/25 99 33 00 • www.jmberlin.de •
Mo 10–22, Di–So 10–20 Uhr •
Eintritt: 8 €

1961 bis 1990 bekanntester Grenzüber-
gang zwischen Ost und West, heute
Gedenkstätte: Checkpoint Charlie. →

✳ Kunstquartier Bethanien

Das frühere Krankenhaus am Mariannenplatz wurde in den Siebzigern
besetzt und beherbergt heute ein
Restaurant und ein Freiluftkino. Die
wechselnden **Ausstellungen** des
Kunstraums Kreuzberg zeigen vor
allem zeitgenössische Kunst, darunter auch Streetart.

Mariannenplatz 2 • U Kottbusser
Tor • 030/902 98 14 55 •
www.kunstquartier-bethanien.de •
tgl. 12–19 Uhr

✳ Martin-Gropius-Bau

In dem 1881 als Kunstgewerbemuseum
eröffneten Bau von Martin Gropius werden wechselnde Ausstellungen zu **Fo-**
tografie und zeitgenössischer Kunst,
aber auch zu Kulturgeschichte und Archäologie gezeigt. Besonders beeindru-
ckend ist das zentrale Atrium, das sich
über die gesamte Höhe des Hauses erstreckt.

Der Neubau des Jüdischen Museums vom
Architekten Daniel Libeskind ist futuristisch.
Im Inneren mahnen 10 000 Gesichter mit
offenen Mündern, die den Boden bedecken.

Niederkirchnerstr. 7 • S/U Potsdamer
Platz • 030/25 48 60 • www.gropius-
bau.de • Mi–Mo 10–19 Uhr,
Di geschlossen

✳ Park am Gleisdreieck

Zwischen Potsdamer Platz und Yorckstraße erstreckt sich auf einer **ehemaligen Bahnbrache** ein neu
angelegter Park.
Auf Spielplät-
zen, Fußballfel-
dern oder einer
Beachvolleyballan-
lage kommen Fa-
milien, Sportler und Erholungssuchende
gleichermaßen auf ihre Kosten.

Eingang z. B. über Tempelhofer Ufer/
Ecke Möckernstr. • U Möckernbrücke •
www.gruen-berlin.de

✳ Tempelhofer Freiheit

Der ehemalige Flughafen Tempelhof ist
heute ein **riesiger Park**. Start- und
Landebahnen bieten beste Voraussetzungen für jegliche Sportarten von
Kite-Skaten bis Radfahren. Bevor das
Gelände zumindest teilweise bebaut
wird, kann man noch die improvisierten
Gemüsegärten oder wechselnde Kunst-
aktionen bewundern.

Eingang z. B. gegenüber S/U Tempelhof • www.tempelhoferfreiheit.de •
tgl. von Sonnenauf- bis Sonnenuntergang

✳ Topographie des Terrors

Gleich neben dem Martin-Gropius-Bau
erinnert eine **Ausstellung** im früheren
Hauptsitz des Reichssicherheitshaupt-
amtes, der Gestapo und der SS an die
Schrecken des Nationalsozialismus. Sie
zeigt Dokumente aus dieser Zeit an
dem historischen Ort, von dem aus die
Nazis den Völkermord an den Juden und
anderen Minderheiten planten.

Niederkirchnerstr. 8 • S/U Potsdamer
Platz • 030/2 54 50 90 •
www.topographie.de • tgl. 10–20 Uhr

✳ Werkbundarchiv –
Museum der Dinge

In einer ehemaligen Werkstatt sind
Stücke der Design- und Alltagskultur
des 20. Jahrhunderts im
Stil eines »offenen De-
pots« ausgestellt. Sie
stammen aus der
**Sammlung des Werk-
bundes,** einer Organisa-
tion aus Künstlern und
Industriellen, die sich ab
1907 für ein sachliches
Design einsetzte.

Oranienstr. 25 •
U Görlitzer Park •
030/92 10 63 11 •
www.museum
derdinge.de •
Fr–Mo 12 bis
19 Uhr •
Eintritt: 5 €

Shopping

Statt Shopping Malls mit großen Ketten verleiten in Kreuzberg und Neukölln kleine Boutiquen dazu, das Portemonnaie zu zücken. Für den Einkaufsbummel eignet sich ein Spaziergang über den Mehringdamm und durch die Bergmannstraße. Auch die Oranienstraße hat ein gutes Angebot an Klamottenläden. Es ist aber oft nicht nur Kleidung, die in der Einkaufstüte landet. Auch hübsche Accessoires für die Wohnung, schöne Postkarten oder Süßigkeiten geben prima Mitbringsel ab – ob nun für den Eigengebrauch oder die lieben Daheimgebliebenen.

✳ 44 Diamonds

Wer zum Ausgehen in Neukölln leider nicht die passenden Klamotten im Koffer findet, wird in diesem Secondhandladen garantiert fündig. Die Chefin Louisa Biermann steht – genau wie quasi das gesamte Viertel um sie herum – auf den **Streetstyle** der 1980er- und 1990er-Jahre und verkauft gut erhaltene Shirts, Blousons und Sneaker aus diesem Zeitraum.

Allerstr. 6 • U Leinestraße •
030/39 20 38 48 •
www.facebook.com/44diamonds •
Mo–Fr 14–20, Sa 12–18 Uhr

✳ Ararat

Souvenir gefällig? In dem hübschen Papeterie- und Geschenkeladen gibt es originelle Postkarten für jeden Anlass, dazu Fotoalben, Schreibwaren, Präsente, Wohn-Accessoires und jede Menge Berlin-Andenken. Schräg gegenüber hat sich in der Bergmannstr. 9 eine zweite Filiale auf Poster und Bilderrahmen spezialisiert.

Bergmannstr. 99a • U Zossener Straße • 030/6 93 50 80 • www.araratberlin.de • Mo–Sa 10–20 Uhr

✳ Bergmann

Inhaberin Bärbel Frank hat ein Händchen für zeitlose **Lieblingsstücke**. In ihrem überschaubaren Laden gibt es tragbare Mode für Frauen und Männer von Firmen wie Carhartt, Lee oder UVR Connected. Und ehe man sich versieht, landen auch noch ein Paar passende Schuhe, ein Tuch oder eine schöne Tasche mit in die Einkaufstüte.

Einzigartige Geschenke und Souvenirs von Berliner Designern findet man im Box off Berlin – kurz dem bob.

Bergmannstr. 2 • U Mehringdamm •
030/694 03 90 • www.bergmann-
berlin.de • Mo–Sa 11–20 Uhr

✳ Box Off Berlin

Auf der Suche nach originellen **Souvenirs**? Der Laden am Checkpoint Charlie
kann weiterhelfen. Denn die Bilder,
Täschchen, Spielzeuge oder Postkarten
zeigen nicht nur Berlin, sie wurden auch
von Berliner Künstlern und Designern
angefertigt. In der Galerie gibt es
wechselnde Ausstellungen.

Zimmerstr. 11 • U Kochstraße • 030/
44 70 15 55 • www.boxoffberlin.de •
tgl. 10.30–19 Uhr

✳ Cherrybomb

An der O-Straße ist dieser Laden seit
Jahren eine feste Größe. Es gibt Kleidung
für Männer und Frauen von Labels wie
Scotch & Soda, Nümph oder Accessoires
von Hüftgold. Vieles geht in Richtung
Streetwear. Dazu gibt es ein breites
Jeans-Angebot und schöne Taschen.

Oranienstr. 32 • U Kottbusser Tor •
030/6 14 61 51 • Mo–Fr 11–20,
Sa 11–18 Uhr

✳ Ete Clothing

Wer im Sommer surft, im Winter
Snowboard fährt und zwischendurch
skatet (oder einfach nur coole Klamotten liebt), ist hier richtig. Denn hier gibt
es Damen- und Herren-Mode von ein-
schlägigen **Streetwear-Firmen** wie
Quicksilver, Irie Daily oder Cheap Mon-
day. Sneakers von Nike oder Boxfresh
sind das passende Hauptstadt-Schuh-
werk.

Bergmannstr. 18 • U Zossener Straße •
030/32 89 55 43 • www.ete-
clothing.de • Mo–Sa 11–20 Uhr

Don't miss

Dienstags und freitags ist am
Maybachufer Markt.
Zwischen Obst- und Gemüseständen gibt es auch tolle
Stoffe und anderen Näh-
bedarf zu unglaublich günstigen Preisen.

✳ Jean & Lili

Vasen, Tassen und Körbe mit **Vintage-Charme** machen das Angebot dieses Ladens einfach unwiderstehlich. Garderoben oder Noticeboards stellen die Inhaber selber her. Darüber hinaus gibt es eine Ecke mit Mode, Taschen und Schmuck sowie nostalgisches Kinderspielzeug. Weitere Filialen sind in Mitte und Prenzlauer Berg.

Dieffenbachstr. 38 • U Schönleinstraße • 030/69 00 17 42 • www.jean etlili.de • Mo–Fr 11–19, Sa 11–18 Uhr

↑ *Vom Blog zum Shop. Die zwei Mädels von »Schöner wär's wenn's schöner wär« verkaufen nicht nur schöne, sondern auch nachhaltige Dinge.*

✳ Kadō Lakritzfachgeschäft

Aus der ganzen Welt kommen die **Lakritzsorten**, die auf Wandregal und Vitrine verteilt sind. Von süß bis salzig reicht das Angebot. Darüber hinaus gibt es Salmiak-Schnäpse, Eigenkreationen und originelle Mischungen. Für Fans lohnt sich ein Blick auf die Internetseite, denn dort findet man sogar Kochrezepte mit Lakritz.

Graefestr. 20 • U Schönleinstraße • 030/69 04 16 38 • www.kado.de • Di–Fr 9.30–18.30, Sa 9.30–15.30 Uhr

✳ La femme Farmacia

Um ein Haar übersieht man das unauffällige Souterrain. Dabei hat die schicke und zugleich alltagstaugliche **Damenkleidung** von Marken wie Ana Alcazar, Drykorn oder Sessún Suchtpotenzial. Taschen von *Liebeskind* Berlin und eine

kleine Schmuck-Auswahl runden das Angebot ab.

Adalbertstr. 92 • U Kottbusser Tor • 030/69 53 39 36 • Mo–Sa 11–20 Uhr

✳ Misuki

Auf der Suche nach originellen Mitbringseln? Das **handverlesene Sortiment** dieses schönen Ladens bietet eine breite Auswahl an Kleinigkeiten für zu Hause, Geschirr, Taschen oder Fotos. Das Besondere: Berliner Künstler und Designer aus dem Kiez können hier ihre Produkte anbieten. So stehen die Chancen auf ein Unikat richtig gut.

Reuterstraße 53 • U Hermannplatz • 030/95 62 42 67 • www.misuki.de

↑ *Schuhe, Schuhe, Schuhe – eine gute*
Auswahl gibt's bei den »Schuhtanten« –
hier macht ein Shopping-Date mit den
Mädels gleich noch viel mehr Spaß.

✳ Schuhtanten

Ein gigantischer Kronleuchter rückt **Stiefel**, Pumps, Ballerinas und Halbschuhe ins rechte Licht. Angeboten werden Marken wie Aerosols, Claudio Nero oder Camper. Eine kleine Auswahl an Kleidung und Taschen rundet das Angebot ab. Lohnenswert ist ein Abstecher in den Wohn- und Geschenkeladen nebenan.

Paul-Lincke-Ufer 44 • U Kottbusser Tor • 030/61 62 97 56 • www.schuhtanten.de • Mo–Fr 11–19, Sa 11–16 Uhr

✳ Selbrund

Erst beim Eintreten in den langen, schmalen Laden offenbart sich das breite Angebot. Neben **Strumpfhosen** und Strümpfen von Firmen wie Wolford, Falke oder Kuhnert in allen erdenklichen Farben und Mustern gibt es auch Kleidung, Taschen, Mäntel – und wunderschöne Schuhe von Firmen wie Camper, Mads Norgaard oder Vagabond.

✳ Schöner wär's wenn's schöner wär

Für die Bloggerinnen Nicole Bednarzyk und Sylke Rademacher ist **nachhaltiges Design** eine Herzensangelegenheit. Deswegen gründeten sie ihren Concept Store mit ökofairen Produkten, von Kinderspielzeug über Taschen bis hin zu schönen Dingen für zu Hause. Vieles stammt von Berliner Designern.

Oranienstr. 58 a • U Moritzplatz • 030/43 20 14 88 • www.schoenerwaers.de • Mo–Fr 12–19, Sa 12 bis 16 Uhr

Graefestr. 19 • U Schönleinstraße • 030/69 56 69 50 • www.selbrund.de • Mo–Sa 10–19 Uhr

✳ Sing Blackbird

Kaffeetrinken, vegetarisch zu Mittag essen und in handverlesenen Vintage-Klamotten stöbern: All das kann man in dem kleinen, aber feinen Kiez-Shop. Jeden zweiten Sonntag gibt es einen **Indoor-Flohmarkt** mit besten Chancen auf originelle Klamotten und Accessoires aus den Sechzigern und Siebzigern.

....

Sanderstr. 11 • U Schönleinstraße • 030/54 84 50 51 • www.singblackbird.com

✳ Zalando Outlet

Bevor die Jagd auf die **reduzierten Schätze** des Internet-Stores losgeht, müssen sich Kundinnen online registrieren. Denn Einlass wird nur Inhabern einer Zalando Outlet Card gewährt. Dann aber öffnet sich ein 1000 Quadratmeter großes Schnäppchenparadies mit Kleidung, Schuhen und Taschen von über 500 Marken für Damen, Herren und Kinder.

....

Köpenicker Str. 20 • U Schlesisches Tor • www.zalando.de/outletstore/ • Mo–Sa 11–20 Uhr

✳ Voo Store

Gar nicht so leicht zu finden ist dieser exklusive **Hipster-Laden** in einem Hinterhof. In einer industriell anmutenden Halle hängen ausgewählte Stücke von internationalen Marken wie Acne oder Carven für Sie und Ihn. Es gibt aber auch Schuhe und Taschen sowie handverlesene Düfte, Bücher und Wohn-Accessoires.

....

Oranienstr. 24 • U Kottbusser Tor • 030/61 65 11 19 • www.vooberlin.com • Mo–Sa 11–20 Uhr

Im »Voo Store« werden Hipster fündig. Neben Mode gibt es auch Bücher und Accessoires. →

Restaurants & Cafés

In Kreuzberg und Neukölln bleibt niemand hungrig. Das kulinarische Spektrum reicht von Dönerbuden bis zu Gourmettempeln wie dem Restaurant des Berliner Sternekochs Tim Raue in der Nähe des Checkpoint Charlie. Dazwischen tummeln sich jede Menge originelle Restaurants und Cafés aller Nationalitäten wie der koreanische Kultladen »Kimchi Princess« oder Cynthia Barcomis Kaffeerösterei mit traumhaften amerikanischen Cakes und Bagels. Gute Adressen sind auch die beiden Kreuzberger Markthallen am Marheinekeplatz und nahe des Lausitzer Platzes. Dort gibt es nicht nur frisches Obst und Gemüse, sondern auch zahlreiche Stände mit leckeren Mittagsangeboten.

✳ 3 Schwestern

Deutsche Küche auf hohem Niveau bietet das Restaurant im Kunstquartier Bethanien mit seinem großzügigen Biergarten an. Neben einem empfehlenswerten Mittagsmenü hält die übersichtliche Speisekarte Fleisch, Fisch, Salate und vegetarische Gerichte bereit. Montags gibt es hausgemachte Burger.

....

Mariannenplatz 2 • U Kottbusser Tor • 030/6 00 31 86 00 • www.3schwestern-berlin.de • Mo–So ab 11 Uhr

✳ Barcomi's Café und Kaffeerösterei

Mit ihren Backbüchern und TV-Auftritten hat sich Cynthia Barcomi einen Namen als deutsch-amerikanische Backfee gemacht. In ihrem Café gibt es etwa ihren

legendären **New York Cheesecake**. Wer sich nicht entscheiden kann, sollte einen Probierteller mit sechs Kuchensorten ordern. Delikat sind auch die hausgebackenen Bagels.

....

Bergmannstr. 21 • U Zossener Straße • 030/694 81 38 • www.barcomis.de • Mo–Fr 8–21, Sa, So und feiertags 9–21 Uhr

✳ Café am Engelbecken

Kaum zu glauben, dass sich diese Idylle an einem künstlich angelegten **See** mitten in der Stadt befindet. Auf der Terrasse werden Sandwiches oder Pizza, ein gutes Frühstück oder leckerer Kuchen serviert. Bei schlechtem Wetter sind die gemütlichen Sofas im Innenraum ein guter Ort für eine Pause.

Michaelkirchplatz/Engelbecken • U Moritzplatz • 0157/75 43 17 95 • www.cafe-am-engelbecken.de • Mo–So 10–24 Uhr

✳ Goldberg

Im **Stil der Sechziger** ist dieses Café eingerichtet. Man kann morgens mit Kaffee und Croissants in den Tag starten, später ein leckeres Mittagessen zu sich nehmen und abends für einen Absacker an der Bar vorbeikommen. Heiß begehrt sind im Sommer die Sonnenplätze auf dem breiten Bürgersteig.

Reuterstr. 40 • U Schönleinstraße • 030/53 06 99 28 • www.goldberg-bar.de • 9.30–2 Uhr

✳ Goldmarie

Gleich an der Admiralbrücke befindet sich eines der schönsten **Cafés** der Gegend. Hier lässt es sich mit einem gesunden Frühstück in den Tag starten. Zu späterer Stunde schmecken belegte Bagels, hausgemachter Kuchen und guter Kaffee auf gemütlichen Sofabänken oder

Ohne Tresen geht es auch im »3 Schwestern« nicht. Wo sonst könnte man so einfach mit Fremden ins Gespräch kommen. Schneller kommt man nicht zu neuen Bekannten … →

an warmen Tagen auf einem der Liegestühle draußen in der Sonne.

Grimmstr. 29 • U Schönleinstraße • tgl. 9–1 Uhr

✳ Goûter

Ganz in Weiß erstrahlt dieses hübsche **französische Café**. Auf Stühlen im Landhausstil oder einem bequemen Sofa bieten Brioche und Milchkaffee einen stilvollen Start in den Tag. Überzeugend sind auch die hausgemachten Quiches, Tartes und Kuchen. Abends gibt es regelmäßige Dinners, für die man sich anmelden muss.

Reichenberger Str. 143 • U Kottbusser Tor • 030/35 12 51 62 • www.gouter.de • Mo–Fr 9–18, Sa 10–18 Uhr

↑   Moderne koreanische Küche in rotem Ambiente. Das Interieur in »Kimchi Princess« ist geschmackvoll und modern im koreanischen Stil gehalten, ohne dabei zu dick aufzutragen.

✳ Kimchi Princess

Dieses **koreanische Restaurant** könnte sich auch in New York befinden. Denn auf zwei puristisch eingerichteten Stockwerken sitzen vor allem junge, hippe Menschen und lassen sich scharf gebrutzelte Spezialitäten servieren. Der

Imbiss Angry Chicken und die Soju Bar gehören ebenfalls dazu. Unbedingt vorher reservieren.

Skalitzer Str. 36 • U Görlitzer Bahnhof • 0163/458 02 03 • www.kimchi-princess.com • tgl. 18–23 Uhr

✳ La Raclette

An der Backsteinwand weist ein altes Werbeschild aus Frankreich auf die Ausrichtung von Peer Kusmagks Restaurant hin: **französische Landküche** steht auf der Karte. So rösten die Gäste vorm lodernden Kamin Käse, Poulardenbrüste, Kartoffeln und Gemüse auf mobilen Grills. Der Ex-Dschungelkönig verzehrt am liebsten Entrecôte mit Pommes. Ein guter Ort für einen Absacker ist die Bar nebenan.

Lausitzer Str. 34 • U Schönleinstraße • 030/61 28 71 21 • www.la-raclette.de • Mo–So ab 18 Uhr

✳ La Lavanderia Vecchia

Die ehemalige Wäscherei in einem Neuköllner Hinterhof ist heute ein absolutes **Kult-Restaurant**. Für das abendliche Menü ist eine Reservierung erforderlich, das Mittagsmenü können auch Kurzentschlossene bestellen. Auf den Tellern landen leckere Antipasti, Fisch und

Don't miss

In der Markthalle am Marheineckeplatz nahe der Bergmannstraße bekommt man neben Obst und Gemüse leckere Mittagsgerichte aus aller Herren Länder.

Der zauberhafte Prinzessinnengarten

Der Moritzplatz ist ein hässlicher Kreisverkehr mit viel Lärm und Verkehr. Doch an diesem unwirtlichen Ort verbirgt sich hinter einem Bauzaun ein wahres Schrebergartenidyll. In zusammengezimmerten Kästen wachsen Kopfsalat und Kräuter, an Stangen winden sich Bohnen in die Höhe.

Etwa 500 Kulturpflanzen bauen die in einer gemeinnützigen GmbH organisierten Großstadtgärtner auf der ehemaligen Brache seit 2009 an. Niemand hat sein eigenes Beet, jeder kann mitmachen, lautet die Devise. Die Ernte wird entweder verkauft oder im Café zu leckeren vegetarischen und saisonalen Gerichten verarbeitet. In den Sommermonaten lassen sie sich als Mittag- oder Abendessen (12–15 bzw. 18–21 Uhr) auf dem zusammengewürfelten Mobiliar in einem Birkenwäldchen verspeisen. Auch der Kuchen ist sehr empfehlenswert. Alle zwei Wochen gibt es von Frühling bis Herbst einen Sonntagsflohmarkt und immer wieder wechselnde Events, für die sich ein Blick auf die Website www.prinzessinnengarten.net lohnt.

Der Prinzessinnengarten ist aber mehr als ein nettes Gartenlokal. Er ist inzwischen zu einem Symbol für urbanes Gärtnern geworden und ein Vorbild für ähnliche Projekte: Ob in Nachbarschaftsgärten, auf dem ehemaligen Flughafen Tempelhof oder auf dem Parkdeck eines Weddinger Einkaufszentrums, überall rankt und blüht es. Denn engagierte Großstädter entdecken inmitten der Betonwüste ihren grünen Daumen. Die Radikalsten unter ihnen haben das »Guerilla Gardening« erfunden. Dabei pflanzen sie Blumen im öffentlichen Raum, wo eigentlich keine wachsen dürften. Die Guerilleros betrachten ihr Tun als Kunst, eine Form von Streetart. Wo die meisten Garten-Projekte als Art der Zwischennutzung gedacht sind, kann sich der Prinzessinnengarten über eine halbwegs gesicherte Zukunft freuen. Dank der Unterstützung des Bezirks und der Anwohner werden sie ihre »blühende Brache« so schnell nicht räumen müssen.

Fleisch. Im Sommer ist ein Platz im kleinen Garten die beste Wahl.

Flughafenstr. 46, 2. Hof • U Boddinstraße • 030/62 72 21 52 • www.lavan deriavecchia.de • Mittagstisch Di–Fr 12 bis 14.30 Uhr (Bestellannahmeschluss), Abendessen Di–Sa 19.30–23 Uhr

✳ Markthalle Neun

Erst vor Kurzem wurde die **Markthalle** von jungen Gastronomen wiederbelebt. Jetzt finden hier regelmäßige Events statt. An verschiedenen Buden lässt sich hervorragend essen, und das nicht nur während des Wochenmarkts. Auch unter der Woche sind die meist regional und bio kochenden Stände eine gute Adresse.

Eisenbahnstr. 42–43 • U Görlitzer Bahnhof • 030/577 09 46 61 • www.markthalleneun.de • Café & Kantine Mo–Sa 12–16, Wochenmarkt Fr–Sa 10–18, Street Food Thursday Do 17–22 Uhr

✳ Mustafas Gemüsekebab

Dönerbuden gibt es in Berlin viele. Doch diese ist Kult. Zu so gut wie jeder Tages- und Nachtzeit steht hier eine Schlange, um die mit frischen Zutaten

belegten Fladenbrote oder Dürüm-Rollen zu verzehren. Es gibt sie vegetarisch oder mit Hühnerfleisch. Ungefähr genauso beliebt ist die Wurst bei »Curry 36« gegenüber.

Mehringdamm 32 • U Mehringdamm • www.mustafas.de • tgl. 8–24 Uhr

✳ Restaurant Tim Raue

Der bekannte Berliner Sternekoch serviert in seinem Restaurant **Gourmet-Küche** vom Feinsten. Seine asiatisch inspirierten Kreationen haben ihren Preis, als Menü sind sie aber halbwegs erschwinglich. Reservierung wird empfohlen. Ein weiteres Restaurant von Tim Raue hat kürzlich in Prenzlauer Berg aufgemacht.

Rudi-Dutschke-Str. 26, U Kochstraße • 030/25 93 79 30 www.tim-raue.com • Lunch: Küche 12–13.30, geöffnet bis 15, Dinner: Küche 19–21.30, geöffnet bis 24 Uhr

✳ Schlesisch Blau

Auf einem Herd aus Omas Zeiten dampfen verschiedene Suppen, an denen sich die Gäste selbst bedienen. An den Tischen wird in **lässiger Atmosphäre** Fisch, Fleisch und Vegetarisches als erschwingliches Vier- bis Sechs-Gang-Menü serviert. Guter Ausgangspunkt

↑   Frische italienische Küche in der Wäscherei. Man fühlt sich, als speise man im Hinterhof. Ohh bella Italia!

zum Feiern in den Bars und Clubs der Umgebung. Unbedingt reservieren.

Köpenicker Str. 1 • U Schlesisches Tor • 030/69 81 45 38 • Mo–Sa ab 20, So ab 19 Uhr

✳ Restaurant Ø

In dem mit **Designklassikern** eingerichteten Restaurant lässt es sich richtig gut speisen. Es gibt Gerichte mit regionalen Zutaten und Berlin-Bezug wie die üppig belegten Stullen für zwischendurch, das liebevoll zusammengestellte Frühstück oder die saisonalen Hauptgerichte. Nicht zu vernachlässigen sind zudem die Longdrinks.

Mehringdamm 80 • U Mehringdamm •
030/77 32 62 13 • www.oeberlin.de •
Mo–Fr 11.30–1, Sa, So 9–1 Uhr

✳ Van Loon

Am Urbanhafen liegt dieses **Restau-
rantschiff** vor Anker. In der
offenen Kombüse brutzeln
deutsche und internatio-
nale Gerichte. Bei schö-
nem Wetter sitzt man
an Deck. Sonn- und fei-
ertags gibt es ein üp-
piges Brunch-Buffet.
Das Schwesterschiff »Phi-
lippa« bietet kulinarische Rundfahrten
über Berlins Gewässer an.

Carl-Herz-Ufer 5 • U Prinzenstraße •
030/6 92 62 93 • www.vanloon.de •
tgl. 9–1 Uhr

↓ *Auch der gute Kaffee darf beim
ausgiebigen Brunch nicht fehlen.*

✳ Volt

In einem ehemaligen Umspannwerk
befindet sich mit dem Restaurant von
Matthias Gleiß eine Top-Adresse für
Gourmets. Der ambi-
tionierte Küchenchef
interpretiert re-
gionale Gerichte
mit Fantasie
und Leichtig-
keit. Zur Aus-
wahl stehen
Menüs mit
Fisch-, Fleisch-
oder vegetarischen
Gänge. Dazu gibt es
eine gelungene Wein-Auswahl.

Paul-Lincke-Ufer 21 • U Schönleinstraße • 030/338 40 23 20 • www.
restaurant-volt.de • Mo–Sa 18–24 Uhr

✳ Westberlin Coffeebar &
Mediashop

Keine Lust auf öde Coffeeshops nach
dem Sightseeing am Checkpoint Charlie? Dieses stilvoll eingerichtete **Café**
mit üppiger Zeitschriftenauswahl ist
eine gute Alternative. In hippem Ambiente serviert die internationale Be-
dienung hervorragenden Kaffee und
belegte Stullen. Im Sommer blickt man
von der Terrasse ins Grüne.

Friedrichstr. 215 • U Kochstraße •
030/25 92 27 45 • www.westberlin-
bar-shop.de • Mo–Fr 8.30–19, Sa, So
10–19 Uhr

*Anspruchsvolle Küche trifft im »Volt« auf lockere
Atmosphäre des ehemaligen Umspannwerkes
Kreuzberg aus dem Jahr 1928.*

Wellness

Nicht nur mit ihren Dönerläden und Gemüseständen haben die türkischen Einwanderer Kreuzberg geprägt. Auch die orientalische Hamam-Kultur verdanken wir ihnen. So gibt es in Kreuzberg und im angrenzenden Schöneberg gleich zwei dieser Wellnessoasen, davon eine nur für Frauen. Doch Kreuzberg hat noch mehr Entspannungsattraktionen zu bieten. Über den Bezirk verteilt gibt es noch weitere gute Adressen, um richtig tief zu entspannen. Mit seinem grottenartigen Klangbecken ist das »Liquidrom« nicht die größte, aber definitiv eine der schönsten Thermen der Stadt. Am Badeschiff an der Spree steigen im Sommer Strandpartys. Im Winter verwandelt es sich in eine Art Ufo mit mehreren Saunen und liegt so als Wellnesskahn in der Spree auf Höhe der Konzertlocation »Arena« vor Anker.

✳ Hamam im Frauenzentrum Schokoladenfabrik

»Ladys only« heißt es im **türkischen Bad** des Frauenzentrums Schokoladenfabrik. Das Ritual beginnt im zentralen Hamam-Raum, in dem sich die Besucherinnen mit einem Messinggefäß mit Wasser überschütten. Im Anschluss ist ein professionelles Peeling, die finnische Sauna oder eine kreislaufschonende Infrarot-Kabine dran.

Mariannenstr. 6 • U Görlitzer Bahnhof • 030/615 14 64 • www. hamamberlin.de • Mo 15–23, Di–So 12–23 Uhr

✳ Liquidrom

Eine schummerige Grotte bildet das Zentrum der im Zen-Stil gehaltenen **Entspannungsoase** neben dem Veranstaltungsort »Tempodrom«. In dem runden Becken schwebt man bei entspannender Unterwassermusik durchs Solewasser. Finnische Saunen, ein Dampfbad, Massagen mit heißen Steinen und wohlriechenden Aromaölen tragen auch noch zur Entspannung bei.

Geht gar nicht

Auch in den Berliner Schwimmbädern wie dem Spreewaldbad gibt es Saunen. Doch leider haben sie oft nur den Charme medizinischer Nasszellen. Also lieber Finger weg.

Möckernstr. 10 • S Anhalter Bahnhof •
030/258 00 78 20 • www.liquidrom-
berlin.de • So–Do 10–24, Fr–Sa 10 bis
1 Uhr

Eichenstr. 4 • U Schlesisches Tor •
www.arena-berlin.de/badeschiff •
Mo, Fr 12–3, Di, Do 12–24, Mi 14–24,
Sa 14–3, So 10–24 Uhr

✳ Syogra Berlin

Entspannung zu günstigen Preisen gibt
es bei »Syogra« auf **Jademassage-Lie-
gen**. Für nur 6 Euro wird der ganze Körper 20 Minuten lang durchgeknetet.
Zugleich bietet das Studio nach Terminvereinbarung auch echte Entspan-
nungsmassagen und Rückenkurse
an. Auch eine Sauna ist vorhanden.

···

Großbeerenstr. 10 •
U Möckernbrücke • 030/
23 63 37 63 • www.syogra-
berlin.com • Mo–Fr 9.30–20 Uhr,
Sa nach Vereinbarung

✳ Sultan Hamam

Auf einer geschmackvoll eingerichteten
Fabriketage wird die orientalische
Bäderkultur zelebriert. Nach dem
Übergießungsritual mit warmem Wasser bieten Profis das
traditionelle Peeling und Ent-
spannungsmassagen an. Es
gibt eine Sauna und
einen Dampfraum.

···

Bülowstr. 57 •
U Bülowstraße •
030/21 75 33 75 •
tgl. 12–23 Uhr, Di–Fr
Damen, Mo Herren,
Wochenende gemischt •
www.sultanhamamberlin.de

✳ Winterbadeschiff

Wie ein Ufo wirkt der **Saunagarten**, in
den sich das Badeschiff an der »Arena«
in den Wintermonaten verwandelt. Ab
Mitte November bis Ende März kann
man dort in zwei finnischen Saunen mit
Spreeblick saunieren und sich massieren lassen. Erfrischend ist ein Sprung in
den Pool – mit Ausblick auf Oberbaumbrücke und Fernsehturm.

··

Just for girls! Entspannen im Türki-
schen Bad für Frauen. Das Hamam
im Frauenzentrum Schokoladenfabrik
gibt es bereits seit 1988. →

Ausgehen

Kreuzberger Nächte sind lang. Dieser abgedroschene Schlager hat bis heute Gültigkeit. So verpassten Anwohner der Oranienstraße zwischen Moritzplatz und Görlitzer Bahnhof wegen ihrer feierwütigen Besucher bereits den Beinamen »Ballermann«. Dort, wo bei linken Demonstrationen am 1. Mai oft die Steine fliegen, reihen sich hippe Cocktailbars an alteingesessene Punkerkneipen. Auch rund ums Schlesische Tor nahe der Oberbaumbrücke ist in zahlreichen Bars und Clubs viel los. Junges, studentisches Publikum überwiegt. Es gibt aber auch gediegene Adressen. Von einigen Orten wie dem »Watergate« hat man einen tollen Blick auf die Spree, die früher die Grenze zwischen West und Ost markierte.

✳ Ankerklause

Eine Institution ist diese Bar, in der man tagsüber auch Kaffee trinken, ja sogar frühstücken kann. Eine kleine Terrasse mit Blumenkästen ragt über den Landwehrkanal hinaus. Innen trifft sich sympathisches Kiezpublikum zwischen **Hafenkneipen-Deko**. Musik kommt vom DJ oder aus der urigen Jukebox. Donnerstagabend ist Party.

Kottbusser Damm 104 • U Kottbusser Tor • 030/693 56 49 • www.ankerklause.de • Mo ab 16, Di–So ab 10 Uhr

✳ Club der Visionäre

Im Sommer ist diese Bar unweit des Badeschiffs an der »Arena« ein hervorragender Ort, um den Abend einzuläuten. Auf dem **Steg** direkt am Wasser herrscht Urlaubsatmosphäre bei überwiegend elektronischer Musik. Zu späterer Stunde wird auch getanzt. In den Wintermonaten steigen die Partys auf dem benachbarten Partykahn »Hoppetosse«.

Am Flutgraben • U Schlesisches Tor • 030/69 51 89 42 • www.clubdervisionaere.com • Mo–Fr ab 14, Sa, So ab 12 Uhr

✳ Das Hotel

Nein, übernachten ist hier nicht angesagt. Stattdessen ist die verwinkelte **Bar** mit ihren Vintage-Möbeln ein guter Ort für ein gepflegtes Glas Rotwein bei Kerzenschein. Wenn einen dann die Feierlust überkommt, gibt es eine Etage tiefer einen engen Partykeller mit einer meist proppenvollen Tanzfläche. Bis abends serviert das Bistro Suppen und andere Snacks.

Mariannenstr. 26a • U Kottbusser Tor • www.dashotel.org • tgl. ab 16 Uhr

✳ Golgatha

Auch in Berlin gibt es zünftige **Biergärten** wie diesen im Viktoriapark. Sowohl im Garten als auch auf der Dachterrasse gibt es an langen Biertischen frisch Gegrilltes und Gezapftes. Bis 15 Uhr wird Frühstück serviert. Innen ist eine kleine Tanzfläche, wo am Wochenende DJs tanzbare Hits auflegen.

Im Viktoriapark, Eingang über Katzbachstr. (Höhe Monumentenstr.) • U Yorckstraße • www.golgatha-berlin.de • Anfang April bis Ende Sept. tgl. ab 9 Uhr

✳ Haifischbar

Unweit der Bergmannstraße befindet sich diese klassische **Cocktailbar**. Die Barkeeper verstehen ihr Handwerk. Sie servieren in schickem Ambiente neben Klassikern spannende Eigenkreationen

Bodenständige Kost trifft auf leckere Cocktails. Und einen Blick auf die Spree bietet die lässig schicke »Ankerklause« auch noch. →

wie den fruchtigen Rum-Cocktail Banana Queen. Dazu werden Tapas gereicht. Zwischen 19 und 21 Uhr ist Happy Hour.

Arndtstr. 25 • U Mehringdamm • 030/69113 52 • www.haifischbar-berlin.de • tgl. ab 19 Uhr

✳ John Muir

Im Yosemite Nationalpark begegneten die Inhaber dem Namen »John Muir«, ein Mann, der sich stark für den Erhalt des Parks eingesetzt hatte. Heute hört man hier bei einem Honey Rye aus Rye, Bärenjäger, Ginger Ale, Bitters und Orange **Folk oder Country** – und genießt das naturverbundene Ambiente aus Stein und Grünzeug.

Skalitzer Str. 50–51 • U Görlitzer Bahnhof • 0176/16 11 11 41 • www.john-muirberlin.com • tgl. ab 18 Uhr

✳ Lido

In dem ehemaligen Kino an der Party-meile Schlesische Straße treten heute vor allem **Indie-Rock- oder Elektro-Pop-Bands** auf. Partyreihen wie die Indie-Disco Karrera Klub oder Balkan-beats-Partys stehen ebenfalls auf dem Programm. Wer zwischendurch frische Luft braucht, ist auf dem überdachten Hof gut aufgehoben.

Cuvrystr. 7 • U Schlesisches Tor • 030/69 56 68 40 • www.lido-berlin.de • Öffnungszeiten je nach Veranstaltung

✳ Luzia

Tagsüber lässt sich auf zusammenge-würfeltem Flohmarktmobiliar an den großen Fensterfronten gut Kaffee trin-ken. Abends gibt es oft keinen Platz mehr, denn dann verwandelt sich die **geräumige Bar** in einen Treffpunkt für

Don't miss

Ausgehen abseits der Party-meilen? Dann eignet sich eine Bartour durch den Graefekiez. Entlang der Graefestraße und in den Nachbarstraßen gibt es mehrere gute Adressen für einen Drink.

feierfreudige Szenegänger, die von hier aus in die Nacht starten.

Oranienstr. 34 • U Kottbusser Tor • 030/81 79 99 58 • www.luzia.tc • tgl. ab 12 Uhr

✳ Magnet Club

Gitarrenmusik steht in diesem Club hoch im Kurs. Auf den fast täglich stattfin-denden Konzerten und Par-tys wird Rock, Pop und Alternative gespielt, mal härter, mal melodischer. Die Tanzfläche ist direkt vor der großen Fensterscheibe des ehemaligen Kaufhauses. Abkühlung bie-tet der Outdoor-Bereich.

Falckensteinstr. 48 • U Schlesisches Tor • www.magnet-club.de • Öffnungs-zeiten je nach Veranstaltung

✳ Mandy's

Der Name hat nichts mit Barry Mani-lows Schmusehit zu tun, sondern ist eine Hommage an die Vorbesitzerin der **gemütlichen Bar**. So warmherzig wie sie ist heute das Interieur – dank Ches-terfield-Sofas, Holzvertäfelungen und mit dicken Teppichstoffen bespannte Lampen. Schauspielerin Nora Tschirner gehört zu den Stammgästen.

Reichenberger Str. 45 • U Görlitzer Bahnhof • Mi–Sa ab 20 Uhr

❋ Möbel Olfe

Der grüne Schriftzug auf dem Dach des Kreuzberger Zentrums leuchtet weit in die Nacht hinaus und weist Hipstern und Gays den Weg in eine der angesagtesten **Kreuzberger Bars**. Weil es wenig Sitzgelegenheiten gibt, ist die Stimmung in dem einstigen Möbelgeschäft wie auf einer guten Party.

Reichenberger Str. 177 • U Kottbusser Damm • 030/23 27 46 90 • www.moebel-olfe.de • Di–So ab 18 Uhr

↑   *Bühne frei für Konzerte und Slams: Das »Lido« zählt zu den angesagten Clubs der Stadt.*

❋ Monarch

Mit Blick auf die Hochbahn ist diese **Tanzbar** im ersten Stock ein guter Ort für lange Nächte. Das Ambiente ist studentisch und ein bisschen trashig, die Getränke günstig und das Publikum international. Zum tanzbaren Sound des DJs stürmt es die kleine Tanzfläche. Außerdem gibt es einen Kicker.

Skalitzer Str. 134 • U Kottbusser Tor • www.kottimonarch.de • Di–Sa ab 21 Uhr

❋ Rias

Im **Stil der 1960er-Jahre** ist diese Cocktailbar eingerichtet. Über den Tresen gehen gut gemixte Drinks an ein Publikum aus Künstlern und Medienschaffenden. Die Karte ist umfangreich. Gelegentlich legt ein DJ Schellackplatten aus den Zwanzigern auf. Die Mädels aus dem Kiez stecken sich dann schon mal ein paar Charlestonfedern ans Stirnband.

Manteuffelstr. 100 • U Görlitzer Bahnhof • Tel. 030/53 15 79 48 • tgl. ab 19 Uhr

❋ Solar

Die Bar im 17. Stock erreicht man mit einem verglasten Außenfahrstuhl. Von oben bietet sich einer der besten **Blicke über Berlin** bei professionell gemixten Cocktails. Später tanzt die gemischte Gästeschar zu den House- und HipHop-Scheiben des DJs. Eine Etage tiefer tischt das Restaurant Gourmetküche auf.

Stresemannstr. 76 • S Anhalter Bahnhof • 0163/765 27 00 • www.solarberlin.com • So–Do 18–2, Fr, Sa 18–4 Uhr

Dinner tgl. ab 20, Clubbing Fr–Sa ab 0, Winter Do–Sa Dinner ab 20, Clubbing Fr–Sa ab 23 Uhr

✳ Spindler & Klatt

Dining and Clubbing ist das Motto des **Clubs** auf dem Gelände der früheren Heeresbäckerei. Innen in der Fabrikhalle oder außen auf der großen Sommerterrasse serviert die Crew asiatisch beeinflusste Gerichte. Zu späterer Stunde tanzt die Crowd zu Elektrosound.

Köpenicker Str. 16-17 • U Schlesisches Tor • 030/3 19 88 18 60 • www.spindlerklatt.com • Sommer

↓ *Die angesagte Location direkt an der Spree verwöhnt Auge und Ohr. Nach Feierabend kann man im »Spindler & Klatt« entspannt den Tag ausklingen lassen oder einen Clubabend beginnen.*

✳ Tier

Von außen erinnert die Eckkneipe im gehobenen Stil an einen Ferienbungalow. Am Wochenende ist die Stimmung so ausgelassen wie auf einer guten **Party**. Grund dafür sind die Musik vom Plattenteller und die liebevoll zusammengestellte Getränkekarte: Wechselnde Weine gibt es ebenso wie saisonale Cocktails.

Weserstr. 42 • U Rathaus Neukölln • tgl. ab 19 Uhr

✳ Watergate

Direkt an der Oberbaumbrücke befindet sich eine der begehrtesten Adressen der Berliner Nachtschwärmer. Lokale und internationale DJs legen in erster Linie **elektronische Musik** auf. Richtig voll wird es erst nach Mitternacht, und kaum ein Besucher geht vor Sonnenaufgang nach Hause.

Falckensteinstr. 49 • U Schlesisches Tor • 030/61 28 03 94 • www.watergate.de • Öffnungszeiten je nach Veranstaltung

Lange Nächte in Kreuzkölln

Es gab Zeiten, da verband man mit Neukölln vor allem Gewalt und Armut. Doch diese Bild hat sich gewandelt. Zumindest in einigen Teilen ist Neukölln in den letzten Jahren hip geworden, vor allem an der Grenze zu Kreuzberg. »Kreuzkölln« wird die Gegend zwischen Kottbusser Damm, Maybachufer, Weigandufer und Sonnenallee genannt. Sie kann inzwischen sowohl im Hinblick auf die Mieten als auch auf Cafés, Restaurants, Geschäfte und Galerien mit dem Nachbarbezirk mithalten. Der Unterschied: Vieles wirkt hier unverbrauchter, jünger und kreativer.

Am besten lässt sich das auf einer Bartour entlang der Weser Straße erleben. Sie beginnt am Hermannplatz. Wir lassen den Reuterplatz hinter uns und kehren als Erstes im »Silverfuture« (www.silverfuture.net) in der Nummer 208 ein. Die kitschig eingerichtete Bar ist ein Treffpunkt für Schwule und Lesben.

Das »Fuchs und Elster« (www.fuchsundelster.com) nebenan wirkt auf den ersten Blick wie ein schummeriges Café mit Flohmarkt-Interieur. Doch an den Wochenenden öffnet sich der Partykeller, und DJs bitten bei vorwiegend elektronischer Musik zum Tanz. Ein paar Meter weiter im »Kuschlowski« (www.kuschlowski.de) erwartet uns vorm prasselnden Kamin eine große Auswahl an russischem Wodka. Am besten schmeckt er im geeisten Glas mit ein paar deftigen Häppchen.

Vorbei an weiteren Bars steuern wie das »Ä« (www.ae-neu-koelln.de) an. So heißt die geräumige Bar an der Ecke zur Fuldastraße. Das günstige Bier lassen wir uns auf ausgedienten Sofas unter Studenten schmecken. Ein Blick aufs Programm lohnt sich. Denn die kleine Bühne im Keller ist unter anderem regelmäßiger Schauplatz einer Schmusetier-Soap, deren Protagonisten ausgediente Kuscheltiere sind. Der Abend könnte im »Tier« enden, einer verrauchten Bar gleich gegenüber. An Wochenenden ist es eigentlich immer voll und die Atmosphäre wie auf einer guten Party mit Gästen aus der ganzen Welt.

Übernachten

Alles andere als konventionell sind viele der Übernachtungsmöglichkeiten in Kreuzberg und Neukölln. Ob in einer früheren Schokoladenfabrik, in stilvollen Lofts unter Künstlern oder einem Indoor-Wohnwagenpark, an originellen Bleiben herrscht kein Mangel. Langweilige Standard-Hotels sind dagegen in den beiden Bezirken eher die Ausnahme. Wer hier während seines Berlin-Trips die Zelte aufschlägt, wird sich schnell zu Hause fühlen. Denn das Leben der unterschiedlichen Kulturen zwischen netten Cafés und Geschäften wirkt fast ein bisschen dörflich und nicht wie in einer turbulenten Großstadt. Zu den Sehenswürdigkeiten in Mitte ist es trotzdem nicht weit.

✳ Flair Hotel Riehmers Hofgarten

An Paris erinnert das autofreie Wohn- und **Gartenquartier** mitten in Berlin. Es entstand zwischen 1860 und 1900 nach den Plänen des Architekten und Eigentümers Wilhelm Riehmer. In dieser Idylle setzte das »Flair Hotel« auf individuell eingerichtete Zimmer und Suiten. Gourmetküche serviert das Restaurant »e.t.a. hoffmann«.

....

Yorckstr. 83 • U Mehringdamm • 030/78 09 88 00 • www.riehmers-hofgarten.de

✳ Hotel Prens

In der Nähe des Maybachufers befindet sich dieses türkisch geführte **Hotel** in einem umgebauten Mietshaus. In den praktisch eingerichteten Zimmern kommen bis zu vier Personen unter. Die Räume zur Straße hin können etwas laut sein, zum Hof hin schläft man ruhiger.

....

Kottbusser Damm 102 • U Schönleinstraße • 030/8 87 75 99 60 • www.hotel-prens.de

✳ Hüttenpalast

Die wohl originellste Bleibe der Hauptstadt befindet sich in der Produktionshalle einer ehemaligen Staubsaugerfabrik. Dort übernachtet man in Holzhütten und **Wohnwagen** mit Gemeinschaftsbad. Wem das zu schlicht ist, kann auch einen der sechs luxuriöseren Räume buchen. Sehr empfehlenswert ist das Café.

....

Campen für alle. Im »Hüttenpalast« bewohnt
der Gast statt eines Hotelzimmers einen
Wohnwagen. Auf den Luxus eines Hotels muss
dennoch nicht verzichtet werden.

Hobrechtstr. 66 ▪ U Hermannplatz ▪
030/37 30 58 06 ▪
www.huettenpalast.de

✳ IMA Loft Appartements

Wer lieber in einer voll ausgestatteten
Wohnung statt im Hotel schläft, der ist
in den stylish eingerichteten **Appartements** genau richtig. Sie befinden sich
in einem ehemaligen Fabrikgebäude, in
dem heute viele Künstler und Kreativ-
firmen ansässig sind. Frühstück und
Kaffee gibt es im »IMA Café« im Hof.

Ritterstr. 12–14 ▪ U Moritzplatz ▪
030/61 67 51 10 ▪ www.imalofts.com

✳ Motel One Berlin Mitte

Das **Zwei-Sterne-Haus** ist ein guter
Ausgangspunkt, um die Stadt zu erkunden. Moderne klimatisierte Zimmer, pro-
fessioneller Service und eine optimale
Verkehrsanbindung bieten beste Bedingungen. In der »One Lounge« kann
man abends den Tag ausklingen lassen.

↑   *Schicke, gepflegte Räume findet
man im »Cat's Pajamas«. Das Hostel
beherbergt Gäste aller Nationen.*

Prinzenstr. 40–42 ▪ U Moritzplatz ▪
030/6 95 67 17 40 ▪
www.motel-one.com

✳ Rock 'n' Roll Herberge

Mädels, habt ihr den Groove im Blut?
Dann seid ihr in diesem verrückten
Hostel vollkommen richtig. Die sieben
Zimmer mit Platz für jeweils bis zu fünf
Personen sind alle unterschiedlich eingerichtet. Frühstück gibt es nacht-
schwärmerfreundlich bis 14 Uhr. Einmal
in der Woche ist Currywurstabend, es
werden auch vegane Würste gereicht.

Muskauer Str. 11 ▪ U Schlesisches Tor ▪
030/61 62 36 00 ▪ www.rnrherberge.de

Geht gar nicht

Mit dem Wohnmobil in Ber-
lin? Die Görlitzer Straße ist
nicht der beste und vor allem
nicht der sicherste Ort, um im
Fahrzeug zu nächtigen, auch
wenn das die zahlreichen
Wagen vermuten lassen. Lieber
parken und ein Hotel suchen.

✳ Sarotti Hoefe

In der ehemaligen **Schokoladenfabrik** ist heute ein Hotel. Die früheren Produktionsräume des Backsteinbaus haben die Eigentümer in geschmackvolle Zimmer umgewandelt. Alle sind individuell eingerichtet, einige haben sogar eine eigene Terrasse. Dank der Hoflage ist es schön ruhig.

Mehringdamm 57 · U Mehringdamm · 030/60 03 16 80 · www.hotel-sarottihoefe.de

✳ The Cat's Pajamas Hostel

Modern und ein bisschen schrill ist dieses kürzlich eröffnete **Hostel** mit überwiegend jungen und internationalen Gästen. Alle Zimmer haben ein eigenes Bad. Im Gegensatz zu den günstigen Holz-Doppelbetten im Schlafsaal bieten die Einzel-, Doppel- oder Familienzimmer etwas mehr Luxus und Privatsphäre.

Urbanstr. 84 · U Hermannplatz · 030/61 62 05 34 · www.thecatspajamashostel.com

✳ Wyndham Grand Berlin

Aus den 1930er-Jahren stammt das prachtvolle Postpalais, in dem sich seit Kurzem ein **Vier-Sterne-Hotel** befindet. Das Interieur ist eine Mischung aus historischem Glamour und modernem Design. Bis der Wellnessbereich fertig ist, dürfen Hotelgäste vergünstigt im benachbarten »Liquidrom« baden.

Hallesche Str. 10–14 · S Anhalter Bahnhof · 030/80 10 66 0 · www.wyndhamgrandberlin.com

Der Westen

Alles rund um den legendären
Kurfürstendamm & Co. Das frühere
West-Zentrum ist zum imposanten
Shopping-Mekka gewachsen

Der Westen ist aus seinem Schönheitsschlaf erwacht. Nach dem Fall der Berliner Mauer 1989 schlummerte dieser Teil der Stadt – wie es schien – eine ganze Weile vor sich hin. Die Schöneberger, Charlottenburger und Wilmersdorfer schlugen sich die Ärmel ihrer Strickpullover über die Schultern und fuhren in den Tennisclub oder zum Nobeleinkauf an den Kurfürstendamm. Abends bestellte man sich eine Portion teure Austern in der »Paris Bar«, als wäre überhaupt nichts passiert. Manch einer soll sich gar nicht rüber getraut haben, in den früheren Osten, wo plötzlich alles in Bewegung geriet und alle vom »Wind of Change« ergriffen waren.

Zwei Jahrzehnte später, nachdem Mitte, Prenzlauer Berg und Friedrichshain mit aufregenden Shops, Restaurants und Kultureinrichtungen die ganze Welt von einem neuen Berlin überzeugten, kommt der Westen so langsam wieder in Fahrt. Man merkte es, als Andreas Murkudis mit seinem umjubelten »Concept Store« (S. 90) von Mitte nach Schöneberg zog und der Chef der übercoolen Streetwear-Messe Bread & Butter seinen zweiten »14 oz.« Store (S. 88) im Haus Cumberland am Kurfürstendamm eröffnete. Dazu verbreitet das ambitionierte Bikini Berlin Projekt (S. 97) den lässigen Schick, der neu ist in diesem Teil der Stadt. Das denkmalgeschützte Gebäude aus den 1950er-Jahren wurde unter der kreativen Leitung des belgischen Künstlers Arne Quinze zu einem legeren Designhotel mit Shopping Mall umgebaut.

Trotz all dem frischen Wind werden die alten Wurzeln nicht vergessen. Weder beim Interieur des neuen »Café Grosz«, in dem sich die Gäste wie im Berlin der 1920er-Jahre fühlen, noch im »Stue Hotel«, wo mit modernen Mitteln die Architektur der 1930er-Jahre zelebriert wird. Neben den vielen neuen Ausgehadressen werden in der »Paris Bar« übrigens immer noch Austern geschlürft – und das ist, wie man in Berlin so schön sagt, auch gut so. Denn manche Dinge dürfen gern so bleiben wie sie sind.

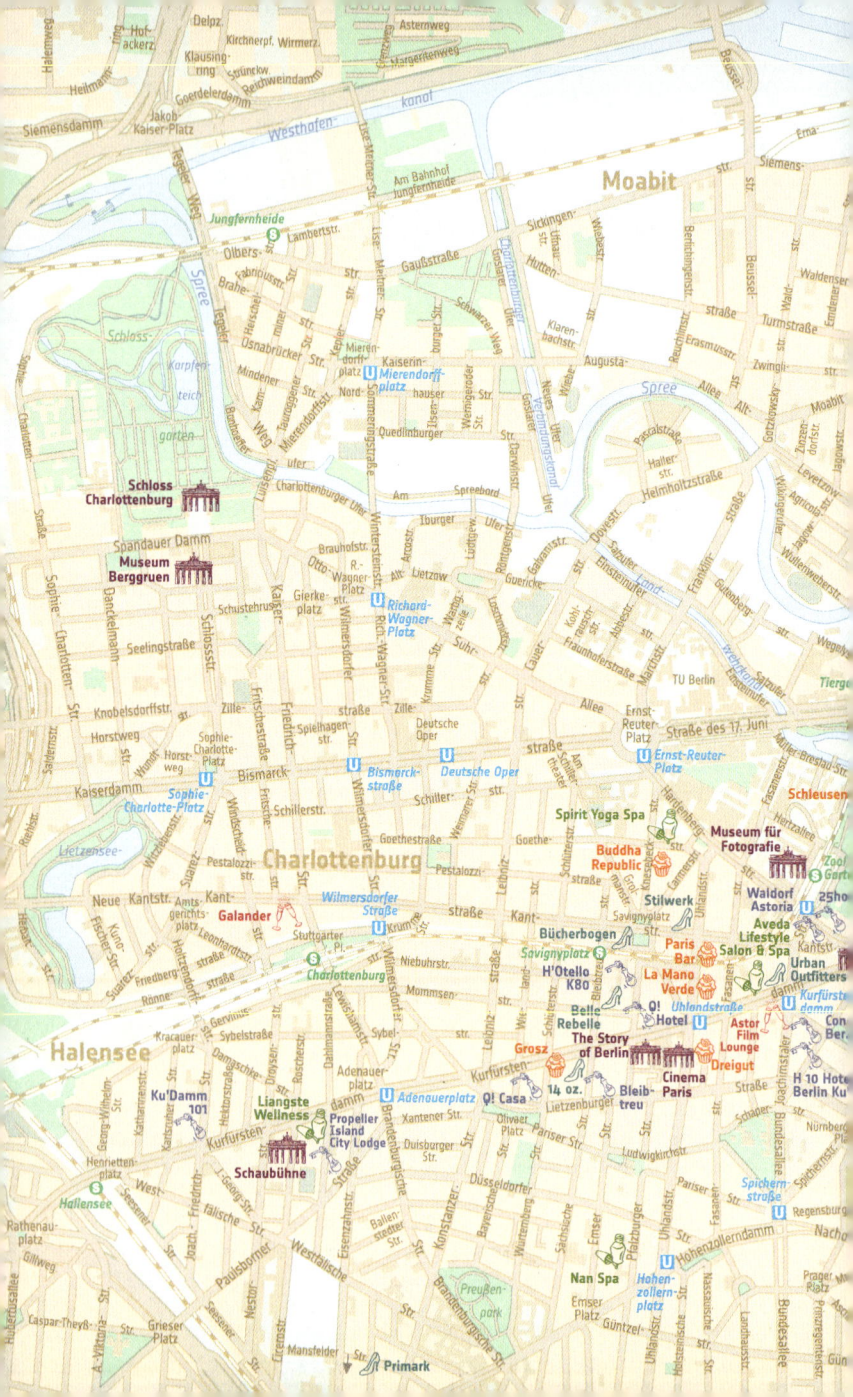

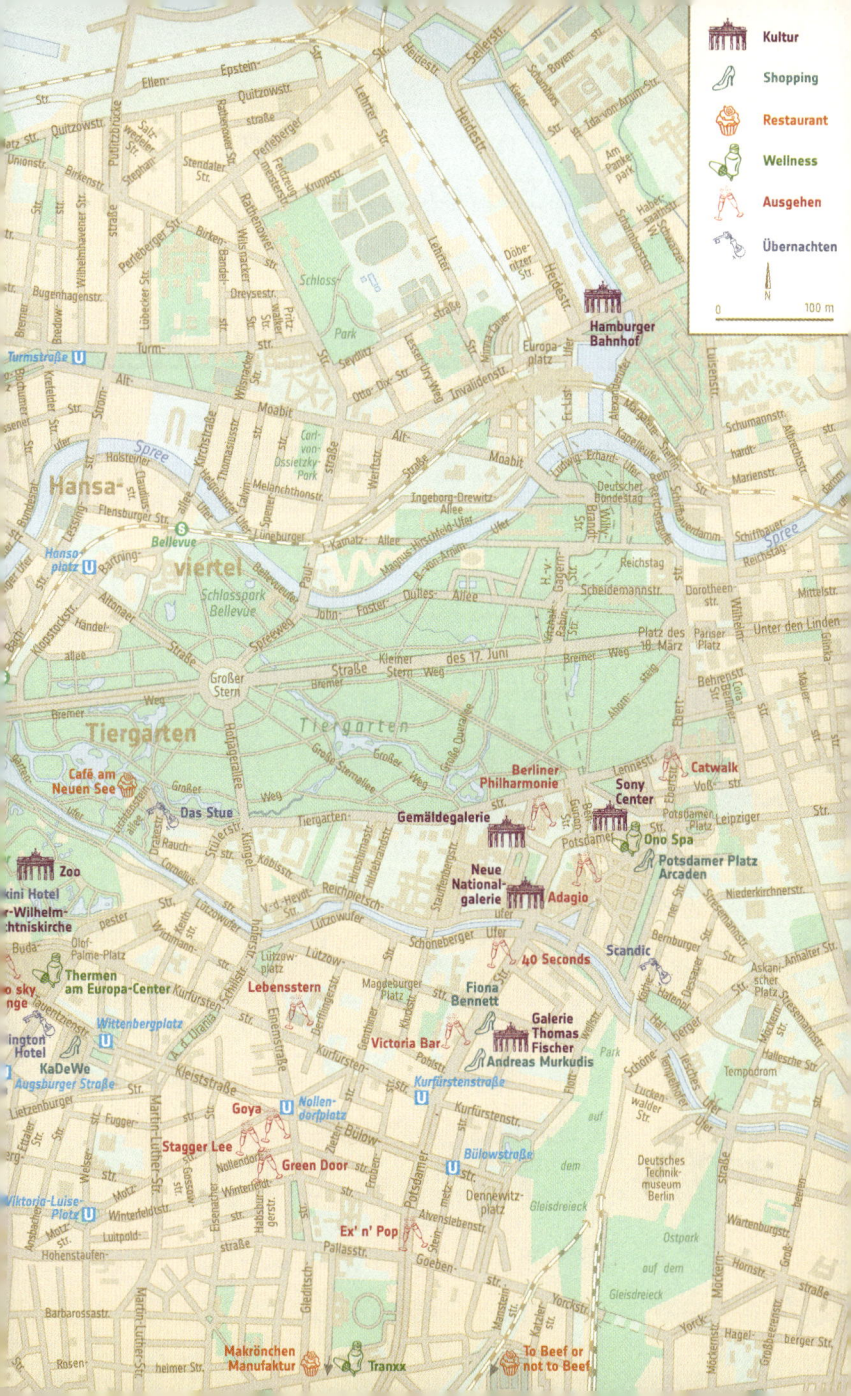

Kultur

In den 1960er-Jahren entstand gleich neben dem Potsdamer Platz ein Gebäudeensemble, das bis heute eines der kulturellen Zentren der Stadt ist: das Kulturforum. Dazu gehören die Neue Nationalgalerie, die Philharmonie mit dem Kammermusiksaal, die Staatsbibliothek und die Gemäldegalerie. Sie sind nicht nur architektonisch, sondern auch wegen ihrer Vielzahl von Ausstellungen und Aufführungen interessant. Kunstinteressierte kommen aber auch weiter im Westen auf ihre Kosten, zum Beispiel im Museum Berggruen oder im wunderschönen Schloss Charlottenburg mit seinem entzückenden Schlossgarten.

✳ Cinema Paris

Im Maison de France, dem französischen Kulturzentrum, befindet sich das wunderschön **altmodische Kino**. Auf dem Spielplan stehen besonders französische und europäische Filme. Immer wieder gibt es Filmreihen zu bestimmten Themen.

Kurfürstendamm 211 • U Uhlandstraße • 030/881 31 19 • www.cinema-paris.de

✳ Galerien Potsdamer Straße

In den früheren Gebäuden der Tageszeitung *Der Tagesspiegel* wird heute **Kunst** gemacht. Jedenfalls ist in den letzten Jahren eine ganze Reihe von Galerien und Kreativen von Mitte an die »Potse« gezogen, darunter die Galerie Thomas Fischer, die Galerie Plan B oder die Galerie Judin.

Potsdamer Str. 77–87 • U Kurfürstenstraße • 030/32 70 63 10 • www.potse-kunstspotting.de

✳ Gemäldegalerie

Einen Überblick über die **Malerei des 13. bis 18. Jahrhunderts** bietet die ständige Sammlung. Ein Rundgang von fast zwei Kilometern führt durch die unterschiedlichen Epochen. Wechselnde Ausstellungen legen den Fokus auf einzelne Maler.

Matthäikirchplatz • S/U Potsdamer Platz • 030/266 42 42 42 • www.smb.museum/home • Di–Mi 10–18, Do 10 bis 20, Fr 10–18, Sa, So 11–18 Uhr • Eintritt: 10 €

✳ Hamburger Bahnhof – Museum für Gegenwart

Einer der beliebtesten Ausstellungsorte für **Zeitgenössische Kunst** befindet sich im früheren Berliner Bahnhof. Dort vertreten sind z. B. Werke von Beuys und Warhol aus der Sammlung Marx. Neben der Sammlung ist Platz für wechselnde Ausstellungen von Gegenwartskünstlern. Eine kleine Stärkung gibt es anschließend im Restaurant »Sarah Wiener«.

··

Invalidenstr. 50 • S/U Hauptbahnhof • 030/39 78 34 11 • www.hamburger bahnhof.de • Di–Mi 10–18, Do 10–20, Fr 10–18, Sa, So 11–18 Uhr • Eintritt: 14 €

✳ Kaiser-Wilhelm- Gedächtniskirche

Als »hohlen Zahn« bezeichnen die Berliner den im Zweiten Weltkrieg zum Teil zerstörten **Kirchturm**. Bis heute ragt er als Mahnmal gegen den Krieg in den Himmel. Gottesdienste finden keine statt – sie werden in dem achteckigen Neubau von Egon Eiermann mit seinen blauen Fenstern abgehalten.

··

Breitscheidtplatz • U Kurfürstendamm • 030/218 50 23 • www.gedaechtnis- kirche-berlin.de • Mo–So 9–19 Uhr

Das Cinema Paris ist eine echte Berliner Institution. Energisch widersetzt es sich dem Zeitgeist und macht einfach weiter … zum Glück! →

✳ Museum Berggruen

Gegenüber des Charlottenburger Schlosses erwartet Kunst-Fans eine eindrucksvolle **Gemälde-Ausstellung**. Sie basiert auf der Sammlung von Hans Berggrün. Der Kunstsammler und -händler kaufte unter anderem viele Werke von Pablo Picasso. Auch Paul Klee und Henri Matisse sind vertreten.

··

Schloßstr. 1 • S Westend • 030/34 35 73 15 • www.smb.museum/home • Di–Fr 10–18, Sa–So 11–18 Uhr • Eintritt: 10 €

✳ Museum für Fotografie

Nackte Frauen waren Helmut Newtons Leidenschaft. Sie lassen sich an den Wänden zu Hauf bewundern, denn ein Großteil der Ausstellungsfläche wird von der **Helmut Newton** Foundation genutzt. Darüber hinaus sind die Werke aus der Sammlung Fotografie der Kunstbibliothek im prunkvoll wieder hergerichteten Kaisersaal zu sehen.

··

Jebensstr. 2 • S Zoologischer Garten • 030/266 42 42 42 • www.smb. museum.de • Di–Mi 10–18, Do 10–20, Fr 10–18, Sa, So 11–18 Uhr • Eintritt: 10 €

✳ Neue Nationalgalerie

Der Bau von **Ludwig Mies van der Rohe** beherbergt neben wechselnden Ausstellungen auch eine eigene Sammlung. Sie legt den Schwerpunkt auf den Expressionismus, den Kubismus, das Bauhaus und den Surrealismus. Der lichtdurchflutete obere Ausstellungsraum ist oft Schauplatz aufwendiger Installationen der Gegenwartskunst.

Potsdamer Str. 50 • U/S Potsdamer Platz • 030/266 42 45 10 • www.neue-nationalgalerie.de • Di, Mi 10–18, Do 10–20, Fr 10–18, Sa, So 11–18 Uhr • Eintritt: 8 €

✳ Philharmonie

Die Berliner Philharmoniker sind eines der gefragtesten Orchester der Welt, ihre Konzerte oft lange im Voraus ausgebucht. Der **Konzertsaal** von Hans Scharoun ist aber auch Veranstaltungsort für Gastspiele. Empfehlenswert sind die Lunchkonzerte dienstags im Foyer. Dort gibt es bei freiem Eintritt klassische Livemusik.

Herbert-von-Karajan-Str. 1 • S/U Potsdamer Platz • 030/25 48 80 • www.berliner-philharmoniker.de

✳ Schaubühne am Lehniner Platz

In den 1920er-Jahren baute Erich Mendelsohn das **runde Theater** und den angrenzenden Gebäudekomplex. Seit den 1960er-Jahren sind die Stücke auf dem Spielplan politisch und sozial engagiert. Auf der Bühne stehen immer wieder Prominente wie die Schauspieler Bruno Ganz und Jutta Lampe.

Kurfürstendamm 153 • U Adenauerplatz • 030/89 00 23 • www.schaubuehne.de

✳ Schloss Charlottenburg

Die frühere Residenz der Hohenzollern wird gern »Klein-Versailles« genannt. Sie ist von einem wunderschönen Schlosspark umgeben. In den prachtvollen Räumen sind besonders Gemälde aus dem 18. Jahrhundert zu sehen. Immer wieder gibt es Sonder-

Don't miss

Viele Ku'damm-Bühnen bieten locker-leichte Unterhaltung oft mit Stars aus Funk und Fernsehen. Einfach ins Theaterprogramm schauen und Tickets buchen.

*Erinnerung an Mitglieder des preußischen Herr-
scherhauses: Schloss Charlottenburg – auch bekannt als »Kleine-Versailles« – gedenkt der Frau
des Kurfürsten Friedrich II, die 1895 eingeweihte
Gedächtniskirche an Kaiser Wilhelm I.*

↑   *Das Sony Center am Potsdamer Platz wurde von Star-Architekt Helmut Jahn entworfen.*

ausstellungen, beispielsweise zu Porzellan-Kunst.

Spandauer Damm 20–24 • S Westend • 030/32 09 11 • www.spsg.de • April–Okt. Di–So 10–18, Nov.–März Di–So 10–17 Uhr • Eintritt: 12 €

✳ Sony Center

Besonders während der Berlinale wandeln Stars und Sternchen über den roten Teppich, denn ein großes Multiplexkino gehört zu den Mietern des **zeltartigen Gebäudes**. Wie der Großteil des Potsdamer Platzes wurde es in den 1990er-Jahren aus dem Boden gestampft und begeistert viele Besucher mit seiner bemerkenswerten Architektur rund um das lichtdurchflutete Forum.

Potsdamer Platz • S/U Potsdamer Platz • www.sonycenter.de

✳ Story of Berlin

Wer sich einen Überblick über Berlins Vergangenheit verschaffen will, ist in dieser **Multimedia-Ausstellung** richtig. Filme, Bilder, ein Atomschutzbunker, originale Exponate wie Erich Honeckers Staatskarosse sowie Geruchs- und Soundinstallationen sorgen dafür, dass sich die Besucher nicht langweilen. Besonders bei Schulklassen beliebt.

Kurfürstendamm 207–208 • U Uhlandstraße • 030/88 72 01 00 • www.story-of-berlin.de • tgl. 10–20 Uhr • Eintritt: 12 €

✳ Zoo & Aquarium

Mitten in der West-Berliner City befindet sich einer der artenreichsten **Tierparks** der Welt. Er war der erste Zoo Deutschlands und wurde von Alexander von Humboldt gegründet. Kleiner Tipp: Während sich am Haupteingang oft lange Schlangen bilden, kommt man am Elefantentor neben dem Aquarium schneller rein.

Hardenbergplatz 8 • S/U Zoologischer Garten • 030/25 40 10 • www.zoo-berlin.de • tgl. 9–18.30 Uhr • Eintritt: 13 €

Stadtspaziergang: Tiergarten

Als »Lustpark für die Bevölkerung« ließ Kurfürst Friedrich III. den Tiergarten Ende des 17. Jahrhunderts anlegen. Mehrmals wurde er seitdem umgestaltet, so etwa ab 1833 durch den bekannten Landschaftsgestalter Peter Joseph Lenné zu einem englischen Volkspark. Im Zweiten Weltkrieg wurde das Gelände verwüstet und nach dem Krieg von Brennholz suchenden Berlinern fast kahl geschlagen. Die Wiederbegrünung ab 1949 gelang nur durch Baumspenden von anderen deutschen Städten. Heute machen nicht nur Bäume und Sträucher einen Besuch reizvoll, sondern die vielen Sehenswürdigkeiten, die man auf dem Weg durch den Park nacheinander erkunden kann.

Unser Rundgang beginnt am S-Bahnhof Bellevue. Entlang des Uferweges an der Spree kommen wir zum Schloss Bellevue. Der Bau im neoklassizistischen Stil ist heute der erste Amtssitz des Bundespräsidenten. Besucher kommen nur im Rahmen von Gruppenführungen hinein.

Von hier aus gehen wir weiter entlang des Spreewegs am Bundespräsidialamt vorbei bis zum Großen Stern. In der Mitte des viel befahrenen Kreisverkehrs steht die Siegessäule. Im Inneren des Nationaldenkmals der Einigungskriege führt eine Wendeltreppe zur Aussichtsplattform.

Zwischen Hofjägerallee und Straße des 17. Juni in Richtung S-Bahnhof Tiergarten betreten wir wieder den Park und laufen die Fasanerieallee entlang bis zur Spanischen Botschaft. Dort endet unser Spaziergang bei einem Latte Macciato im »Café am Neuen See«.

Shopping

Achtung: Legendenalarm! Nicht nur das berühmte Kaufhaus des Westens, das KaDeWe, mit seiner ungeheuren Lebensmittelabteilung, auch der Kurfürstendamm ist weit über die Stadtgrenzen hinaus bekannt. Und beide Institutionen haben den Sprung in die Neuzeit geschafft. Zum 100. Jubiläum gönnte sich das KaDeWe eine Verjüngungskur, der Kurfürstendamm erhielt mit den Eröffnungen des zweiten »14 oz. Store« in Berlin und des »Apple Store« neue Frischzellen. Waren es früher besonders die exklusiven Designerlabels mit den großen Namen, die rund um den Ku'damm Käufer fanden, bieten die angesagten Stores hier heute vermehrt auch Newcomer und Insidermarken an. Insgesamt warten 200 000 Quadratmeter Verkaufsfläche auf Besucher.

✳ 14 oz.

Auf der Streetwear-Messe Bread & Butter zeigt Gründer Karl-Heinz Müller die neuesten Looks der Straße. In seinem 14 oz. Store bringt er sie in den Verkauf. Neben einem Store in Mitte gibt es die **Denim- und Urbanwear** – darunter Vintage, Raw und Premium Denims – sowie Schuhe und Boots auch am Ku'damm.

....

Kurfürstendamm 194 • U Uhlandstraße • 030/88 92 18 14 • www.14oz-berlin.com • Mo–Sa 10–19 Uhr

✳ Adddress

Das Label mit den charakteristischen drei »d« im Namen setzt auf Qualität und Nachhaltigkeit. Die Berliner Designerin Andreea Vrajitoru verwendet **hochwertige Materialien** wie einfarbige oder subtil monochrom gemusterte oder strukturierte Baumwolle und Seide. Die Produktion findet ausschließlich in Europa statt.

....

Budapester Str. 40–50 • S/U Zoologischer Garten • www.adddress.de • Mo–Fr 12–19, Sa 12–18 Uhr

✳ Amorph

Eingeweihten verraten die nachstehenden Labels mehr als 1000 Worte: Acne, Closed, Helmut by Helmut Lang, Lala Berlin, Mother Denim und T by Alexander Wang heißen die begehrten Marken, die hier gehandelt werden. Die **Schals** und Tücher des Eigenlabels peppen die gekauften Outfits zur Perfektion auf.

....

Authentisches und Langlebiges mit entsprechendem Zeitlos-Look gibt's im 14 oz-Shop. Die Location ist sehenswert: Original-Stuck, acht Meter hohe Decken. Einst sollte hier ein Grand Hotel einziehen.

Savignyplatz 591 · S Savignyplatz ·
030/31 99 05 85 · shop.amorph-
berlin.com · Mo–Sa 11–20 Uhr

✳ Andreas Murkudis

Mode von Dries van Noten oder Kostas
Murkudis, Porzellan von Nymphenburg,
Taschen von Céline und
Sonnenbrillen von My-
kita: Andreas Murku-
dis versammelt in
seinem **Concept Store**
die begehrenswerten
Teile einiger sorgsam
ausgewählter Fashion-
und Interieurlabels. Die
Ware hat ihren Preis,
aber selbst bloßes
Stöbern macht riesigen
Spaß.

Potsdamer Str. 81E ·
U Kurfürstenstraße ·
030/680 79 83 06 · www.andreas
murkudis.com · Mo–Sa 10–20 Uhr

Don't miss

Die Seitenstraßen von Kurfürstendamm und Tauent-
zienstraße: Während sich
am Ku'damm selbst vor
allem die austauschbaren
Ketten die Miete leisten können, befinden sich in den
Seitenstraßen oft die interes-
santeren Boutiquen.

✳ Apple Store

Ziemlich imposant, wie Apple hier seine
Produkte inszeniert. In einem riesig anmutenden ehemaligen Filmsaal stehen
auf großen schlichten Holztischen die
Lifestyle-Geräte des Labels mit dem
angebissenen Apfel. Wenn ein neues
Iphone in den Verkauf geht, warten
schon mal 1000 Menschen vor der Tür,
aber auch sonst ist es meist rappelvoll.

Kurfürstendamm 26 · U Kurfürstendamm · 030/590 09
00 00 · www.apple.com/de ·
Mo–Sa 10–20 Uhr

✳ Belle Rebelle

In einen »Kosmos der Schönheit«
versetzt Corinna Mosler-Jakob-
sohn ihre Kundschaft – mit
einem erlesenen Sortiment
aus Düften und **Beautyproduk-
ten** von internationalen Labels
wie Eight & Bob, David Mallett, Molton
Brown, Maria Lux, Face Stockholm und
Ulrich Lang, New York. Besonders überzeugend: der strahlende Teint der Inhaberin.

Bleibtreustr. 42 · U Uhlandstraße ·
030/679 67 20 50 ·
www.bellerebelle.de · Mo–Fr 10–19,
Sa 10–16 Uhr

✳ Bücherbogen

In den hübsch geschwungenen S-Bahn-
bögen dreht sich alles um die Themen

Architektur, Kunst, Grafik, Foto, Film, Design, Bühne, Tanz, Kostüm und Mode. Die Auswahl ist überwältigend, Experten der verschiedenen Fachbereiche beraten gern und geduldig, bis auch die individuellsten **Buch-Wünsche** erfüllt worden sind.

Stadtbahnbogen 593 · S Savignyplatz · 030/31 86 95 11 · www.buecherbogen.com · Mo–Fr 10–20, Sa 10 bis 18 Uhr

✳ Closed

Closed hört sich dem Namen nach an wie ein Global Player jenseits des großes Teichs, tatsächlich kommt das Label aus Hamburg. Der zweite **Mono-Brand Store** der Marke liegt im Bikini-Haus. Genau das richtige Umfeld für ein lockeres, modernes Modeunternehmen, das auf schlichte Teile mit wenig Schnörkeln, aber Liebe zum gut gemachten Detail setzt.

Budapester Str. 40–50 · S/U Zoologischer Garten · Mo–Fr 10–20, Sa 10 bis 18 Uhr · www.closed.com

↑ *Das KaDeWe ist ein Kaufhaus der Superlative mit einer weit über Berlin hinaus bekannten Delikatessenabteilung – Kaviar inklusive.*

für das Haupt in der Auslage. Ihre Linie Kiss by Fiona Bennett bietet zudem Mützen oder praktische Kombinationen wie Filzhüte mit angenähten Schals aus kuschelig weicher Alpakawolle.

Potsdamer Str. 81–83 · U Kurfürstenstraße · 030/28 09 63 30 · www.fiona bennett.com · Mo–Sa 10–19 Uhr

✳ Fiona Bennett

Einen absoluten Mädelsspaß garantiert eine Stippvisite bei »Fiona Bennett«. Die Berliner **Hutdesignerin** mit britischen Wurzeln hat tolle und oft aufwendige Kreationen

✗✳ KaDeWe

Das größte Warenhaus auf dem europäischen Kontinent hat sich in den letzten Jahren einem jungen Publikum geöffnet und neue Trendlabels ins Sortiment aufgenommen. So ist u. a. die vorher in Deutschland nicht erhältliche britische Marke *Topshop* auf eine eigene Verkaufsfläche im **Kaufhaus des Westens** eingezogen – die Modeszene jubelt voller Begeisterung!

Tauentzienstr. 21–24 • U Wittenberg-platz • 030/21210 • www.kadewe.de • Mo–Do 10–20, Fr 10–21, Sa 9.30 bis 20 Uhr

✳ Potsdamer Platz Arcaden

133 Geschäfte, Restaurants, Cafés und Bars erlauben dem Shopaholic, einen ganzen Tag ohne Frischluftzufuhr in dieser **Mall** zu verbringen. Zugegeben: Viele der Läden dürften die Berlinbesu-

↓ *Was darf's denn sein: Kaum getragene Designer-Vintage-Stücke? Raritäten von anno dazumal? Oder lieber doch der brandaktuelle Look?*

cher auch in ihrer Heimat vorfinden. Große Ketten wie H&M oder Mango haben sich hier einen Platz gesichert, aber auch Ni-schenlabels wie Neo von Adidas.

Alte Potsdamer Str. 7 • S/U Potsdamer Platz • 030/255 92 70 • www.potsdamer-platz-arkaden.de • Mo–Sa 10–21 Uhr

✳ Primark

Der Textildiscounter spaltet die Gemüter: Die einen bekommen schwitzige Hände angesichts der unfassbar günstigen Preise für die **trendy** geschnittenen Klamotten. Die anderen fragen sich, sicherlich nicht ganz zu Unrecht, wie fair die Produktionsbedingungen bei derartigen Dumpingpreisen sein können.

Walther–Schreiber–Platz 1 • U Walther-Schreiber-Platz • 030/81 00 67 58 • www.primark.de • Mo–Sa 9–21 Uhr

✳ Stilwerk

Die Shopping Mall für Designermöbel vereint eine geballte Ladung an Möbelfirmen wie das italienische Label Kartell oder die französischen Heim-Profis von Roche Bobois unter ihrem gewaltigen Dach. Das Stilwerk ist wahrscheinlich einer der besten Orte in ganz Deutschland, um **Wohninspirationen**

und Interieur-Design-Ideen für die eigenen vier Wände zu sammeln.

······································

Kantstr. 17 • S/U Berlin Zoologischer Garten • 030/315150 • www.stil werk.de • Mo–Sa 10–19 Uhr

✳ Umasan

Die 2010 von den Zwillingsschwestern Anja und Sandra Umann in Berlin gegründete, japanisch geprägte Marke soll das erste **vegane High Fashion Label** weltweit sein. Ob das tatsächlich stimmt, ist geradezu irrelevant. Was zählt sind die ökologischen und humanen Produktionsverfahren, bei denen kein Lebewesen zu Schaden kommt.

······································

Budapester Str. 40–50 • S/U Zoologischer Garten • Mo, Mi–Sa 12–19 Uhr • www.umasan-world.com

✳ Urban Outfitters

Die amerikanischen Multilabelkonzeptler haben den Ku'damm erobert und verbreiten hier nun auch den neuesten Mode- und **Lifestyle-Hype**. Cool, verträumt, Vintage, leger, sexy oder sportlich: Die Urban Outfitters haben alles,

was das trendempfindliche Großstadtkind unbedingt zum Leben braucht.

······································

Kurfürstendamm 19 • U Kurfürstendamm • 030/88 92 49 30 • www.urbanoutfitters.de • Mo–Sa 10–20 Uhr

✳ Vans

Das Skateboardlabel ist ein Phänomen: Schon 1966 erfand Paul Van Doren einen eigens fürs Rollbrettfahren konzipierten Sneaker – den Sk8-Hi. Über 50 Jahre später ist der Schuh noch immer der Renner – so sehr, dass sich inzwischen ein ganzes Bekleidungssortiment um den **lifestyligen Treter** entwickeln konnte.

······································

Budapester Straße 40–50 • S/U Zoologischer Garten • Mo–Sa 11–20 Uhr • www.vans.com

Restaurants & Cafés

Weltoffen gab sich der Westen schon immer. Obwohl hier einige Gourmets wohnen, die sich bekanntermaßen das Fleischessen ungern verbieten lassen, leistet sich der Stadtteil wie nebenbei das beste vegane Restaurant Berlins. Wenn schon, denn schon – denkt man sich hier. Aber auch die deutsche Küche wird auf den Prüfstand gestellt und das Traditionelle modernisiert sowie in die Küchentöpfe anderer Länder von Frankreich bis nach Indien geschaut. Dazu bieten die Restaurants hier spektakuläre Ausblicke – zum Beispiel auf Kaminfeuer, einen See oder auf die Tiere des Berliner Zoos.

✳ 5 – Cinco

Hinter dem gastronomischen Konzept des Restaurants im »Stue Hotel« steckt ein vollkommener Profi. Der spanische **Sternekoch Paco Perez** hat in seiner Heimat schon vier Sterne erkocht. Im Casual-Dining-Bereich vom »5 – Cinco« präsentiert er mediterrane Küche ohne Schnörkel, im Fine-Dining-Bereich avantgardistische Geschmacksexplosionen.

···

Drakestr. 1 · Tram Corneliusbrücke · 030/31 17 22 0 · www.5-cinco.com · Di–Sa 19–22.30 Uhr

✳ Buddha Republic

Gutes indisches Essen in Berlin zu bekommen, ist nicht leicht. Obwohl es an Indern in der Stadt nicht mangelt. Die »Buddha Republic« allerdings erkochte sich in nur kurzer Zeit einen ausgezeichneten Ruf. Im poppigen Ambiente kre-

denzt »Guru« Mark Brownstein Gerichte aus dem **Tandoori-Ofen** und gut gemachte Klassiker.

···

Knesebeckstr. 88 · U Ernst-Reuter-Platz · 030/31 16 42 04 · www.buddha-republic.com · Di–So 17–0 Uhr

✳ Café am Neuen See

Im Sommer zieht der schöne große **Biergarten** mit Blick auf den See die Gäste an, im Winter knistert der Kamin und lässt die Wangen der Kundschaft erglühen. Kulinarisch erfreuen bayerische und italienische Spezialitäten draußen sowie moderne saisonale und regionale Gerichte drinnen. Ab November gibt's neben dem See Eisstockschießen.

···

Lichtensteinallee 2 • S Tiergarten • 030/25 44 93 00 • www.cafe-am-neuen-see.de • tgl. ab 9 Uhr

Uhlandstr. 171 • U Uhlandstraße • 030/88 62 53 00 • restaurant-dreigut.de • Mo–So 11.30–24 Uhr

✳ Café Grosz

Im pompösen »Café Grosz« sieht es aus wie in den **1920er-Jahren**. Nur ist das Lokal nagelneu. Grüne Flügeltüren, dunkle Holzvertäfelungen und mächtige Kronleuchter versetzen den Gast in das Berlin von vor 100 Jahren. Dazu gibt es eine zeitgemäß ambitionierte Karte mit Gerichten wie Räucherlachs mit Ikarimi und Blumenkohl Espuma, Blinis und Wildkräutersalat.

Kurfürstendamm 193/194 • U Uhland-straße • 030/652 14 21 99 • www.grosz-berlin.de • Mo–Fr 9–1, Sa, So 9–3 Uhr

✳ Dreigut

Die deutsche Küche boomt. Im »Drei-gut« interpretiert Küchenchef Johannes Seidl sie maximal **modern und krea-tiv**. Die Karte spricht für sich: pochier-ter Atlantiklachs mit gedämpftem Topinambur und Orangen-Dip oder Paderborner Landhähnchenbrust an Urgersten-Risotto und Paprika-Zimt-Gemüse hören sich jedenfalls nicht nach Omaküche an.

✳ La Mano Verde

Die pflanzliche Küche kommt – immer mehr Menschen entdecken die **fleisch-lose Cuisine**. Wie ein perfekter Veggie Day aussieht, demonstriert das »La Mano Verde« auf ganz hohem Niveau. Ökoimage? Fehlanzeige! Unter schicken Kronleuchtern oder Industrielampen las-sen sich die Gäste von Kohlrabi-Ravioli oder Meeresalgen-Spaghetti verblüffen.

Kempinski Plaza, Uhlandstr. 181 • U Uhlandstraße • 030/82 70 31 20 • www.lamanoverdeberlin.com • Mo–Sa 12–15.30 und 18–23 Uhr

Leckeres indisches Essen gibt es in dem Kult-Restaurant »Buddha Republic«. →

✗✳ Makrönchen Manufaktur

Mädels, gebt es zu: Ihr seid Naschkatzen! Aber wer noch nie eine dieser köstlichen französischen Macarons probiert hat, der hat den Gipfel des Naschens noch nicht erklommen. In dieser Berliner Manufaktur nennen sie die **fluffigen Süßigkeiten** Makrönchen. Die Sorten: Madagaskar Vanille, Chocolat Extra Noir oder Lavendel-Honig – Mmmmhhh!

Apostel-Paulus-Str. 4 • U Eisenacher Straße • 0178/534 74 64 • www.makroenchen-manufaktur.de • Di–Fr 12–18.30, Sa 11–17.30, So 14 bis 17.30 Uhr

✳ Paris Bar

In dieser Westberliner Institution treffen sich Schauspieler, Künstler und Promis auf **Muscheln mit Champagner** oder auch auf ein ehrliches Bier. Mädelsgruppen sind immer willkommen, größeren Männertrupps raunt der österreichische Türsteher schon mal ein »Na, ihr seid's zu hässlich!« entgegen – und schließt die Pforte wieder.

Kantstr. 152 • S/U Berlin Zoologischer Garten • 030/313 80 52 • www.parisbar.net • tgl. 12–1 Uhr

✳ Schleusenkrug

Bei schönem Wetter eine traditionelle Anlaufstelle für Berliner, sodass sich meist zwecks Erwerb von **Neuland-Grillfleisch**, Würstchen und schmackhafter Flammkuchen eine Schlange durch den Biergarten bildet. Dazu ein würzig-frisches Veltins oder ein Andechser Helles – und die Welt ist in Ordnung. Im Winter gewährt das Restaurant Unterschlupf.

Müller-Breslau-Str. • S Tiergarten • 030/313 99 09 • www.schleusenkrug.de • Mo–So 10–24 Uhr (Sommer), Mo–Fr 11–18, Sa, So 10–19 Uhr (Winter)

✳ To Beef Or Not To Beef

Ein bisschen verwirrend ist der Name schon. Warum trägt das **italienische Restaurant** einen englischen Namen? Wahrscheinlich, weil das »To Beef Or Not To Beef« anders sein will als die Trattorien mit ihren rot-weißen Karotischdecken. Das merkt man auch an Gerichten wie Oktopus vom Grill auf Basilikum-Pesto mit Zander-Kartoffelpüree und gebratenem Chinakohl an.

Akazienstr. 3 • U Eisenacher Straße • 030/54 59 90 47 • tobeefornot tobeef.de • tgl. ab 18 Uhr

Don't miss

Die Feinschmeckerabteilung im KaDeWe: Samstags mittags trifft sich hier die Hautevolee Westberlins bei Gourmethappen und Champagner. Muss man einfach mal mitgemacht haben!

! Bikini Berlin

Zwischen Bahnhof Zoo und Breitscheidtplatz erhebt sich neben dem Kino Zoo Palast das Bikini Haus. Seinen Namen verdankt das Gebäude nach Plänen von Paul Schwebes und Hans Schoszberger aus den 1950er-Jahren seiner ungewöhnlichen Architektur: Mit der Ladenzeile im Erdgeschoss, dem ursprünglich offenen Laubengang als Mittelteil und den sich darüber erhebenden Geschossen wirkt das Haus zweigeteilt wie ein Bikini. Seit den späten Siebzigern ist der offene Teil zwar verglast, trotzdem passt der Spitzname noch ausgezeichnet.

Ab 2010 baute der neue Eigentümer das Bikini Haus nach Plänen des belgischen Künstlers Arne Quinze (genau, Barbara Beckers Ex) zu einem Einkaufszentrum mit Hotel um. Das »Bikini 25 Hours« öffnete darin im Januar 2014 seine Pforten. Der Berliner Designer Werner Aisslinger und sein Team gestalteten das Haus nach dem Motto »Urban Jungle«: Moderne Holzmöbel, Betonböden und Pflanzen bestimmen die Zimmer mit den bis zum Fußboden verglasten Fenstern. Während die eine Hälfte der Gäste auf die Gedächtniskirche blickt, schaut die andere auf das Affenhaus des Zoologischen Gartens.

Für das Einkaufszentrum stehen bereits verschiedene Mieter fest. Sie lassen erkennen, dass »Bikini Berlin« alles andere als eine gewöhnliche Shopping Mall wird: So plant die Jeansmarke Closed ihren ersten eigenen Retail-Store für ihre in Italien gefertigten Hosen. Die Turnschuhe und Skaterklamotten von »Vans« werden ab Frühjahr 2014 in einem Premium Store auf 170 Quadratmetern verkauft.

Einen kleinen Shop möchte das vegane Bekleidungslabel »Umasan« aufmachen. Es stellt seine Kleidung ohne tierische Produkte und ohne Chemiefasern her. Für Lokalkolorit sorgt schließlich die Berliner Designerin Andreea Vrajitoru mit ihrem Label »Adddress« und schlicht-eleganter Kleidung.

Wellness

Im Westen Berlins gibt es ein paar hervorragende Adressen, um den Stress abzuschütteln und so richtig zur Ruhe zu kommen. Zugegeben: Die Anwendungen der Spas haben auch ihren Preis. Dafür verwöhnen geschulte Hände mit außergewöhnlichen Massagetechniken aus Thailand, China oder Hawaii. Wohl einzigartig lassen sich im Westteil der Stadt Shoppen, Sightseeing und Entspannung verbinden. Denn wo hat man schon die Gelegenheit, einen Bummel über eine Shoppingmeile wie den Ku'damm zugunsten eines Thermenbesuchs zu unterbrechen? Die Thermen am Europacenter eignen sich mit ihrer riesigen Dachterrasse für eine solche Verwöhn-Flucht.

✳ Aveda Lifestyle Salon & Spa

Mit den Naturprodukten von Aveda lassen sich anspruchsvolle Kundinnen von Kopf bis zu den gepflegten Zehenspitzen verwöhnen. Nach einer Tasse Tee geht es mit einem Haarschnitt, einer neuen Farbe für die Haare oder einer Massage weiter. Im Shop gibt es sämtliche Kosmetikprodukte von Aveda.

Kurfürstendamm 26a • U Uhlandstr. • 030/88 70 87 90 • www.aveda.de • Mo–Fr 9–20, Sa 9–18 Uhr

Hamam – Entspannung auf orientalisch

Wer schon einmal in der Türkei oder in Ungarn im Urlaub war, kennt die orientalische Art der Reinigung und Entspannung im Hamam. Die Bäder haben ihren Ursprung im antiken Griechenland. Die Römer entwickelten sie weiter, bevor sie in die orientalische Kultur übernommen wurden. Dank der hohen Zahl türkischer Einwanderer hat auch Berlin verschiedene Hamams, die auch Nicht-Türken zu schätzen gelernt haben.

Und so funktioniert das orientalische Baderitual: Mit einem Baumwolltuch, dem *Pe temal*, umwickelt nehmen die Besucher auf den geheizten Marmorsteinen des Hauptraums Platz. Dann beginnt die Reinigung: Immer und immer wieder übergießt man sich selbst oder einander mit warmem Wasser aus einer Metallschale, *Tas* genannt. Mit einem in Seifenschaum getränkten Schwamm reinigt man sich von Kopf bis Fuß.

Nach der Säuberung ist das orientalische Peeling, *Kese*, dran. Am besten trägt es ein Profi in einer separaten Kabine auf. Nach eingehendem Schrubben löst sich ein Berg brauner Hautschüppchen. Die Haut fühlt sich anschließend babyweich an.

Nach dieser Prozedur ist eine Ruhephase angesagt, am besten mit einem guten Buch oder einer Zeitschrift. Wer will, geht dann noch in die Sauna oder nimmt eine Infrarotkabine. Auch Enthaarung oder Gesichtsreinigungen bieten viele Hamams an.

Männer und Frauen gehen meist getrennt ins Hamam – entweder in unterschiedliche Häuser oder zu verschiedenen Zeiten. Diese Tradition greift das Hamam im Frauenzentrum »Schokofabrik« in Kreuzberg auf. Die Wellnessoase ist nur Frauen vorbehalten. Im »Sultan Hamam« in Schöneberg gibt es neben gemischten Zeiten Tage für Frauen und für Männer. Der jüngste Neuzugang ist das moderne Hamam im hippen »Cowshed Spa« im Soho House in Mitte, zu dem auch Nicht-Mitglieder Zugang haben.

✳ Liangtse Wellness

Aus der traditionellen **chinesischen Medizin** stammen die Behandlungen des Spas neben der Schaubühne. Anwendungen wie die Zen-Tuina-Massage harmonisieren den Energiefluss im Körper und stärken die Lebensenergie Qi. Das Komplettpaket mit Sauna, Ganzkörper- und Fußreflexzonenmassage hat zwar seinen Preis, lässt die vormals gestresste Kundschaft aber besonders leichtfüßig von dannen ziehen.

Kurfürstendamm 156 •
U Adenauerplatz •
030/89 00 99 88 •
tgl. Mo–So 10–22 Uhr •
www.liangtse.de

✳ Nan Spa

Beste Freundinnen müssen sich für eine Anwendung in dem asiatisch-minimalistisch eingerichteten Spa nicht einmal trennen, denn auf Wunsch gibt es **Thai-Massagen** im Doppelpack. Massiert wird parallel im gleichen Raum. Ein Körperpeeling vorab erhöht den Wohlfühleffekt zusätzlich.

Pfalzburger Str. 20 • U Hohenzollernplatz • 030/50 15 42 95 • www.nan-spa.de • Mo–Sa 10–21, So 11–20 Uhr

✳ Ono Spa im Mandala Hotel

Nicht nur der weite Blick über die Stadt macht das 600 Quadratmeter große **Luxus-Spa** zu einer Top-Adresse. Nach einem Saunabesuch entspannen der 25 Meter lange Fußreflexzonenrundgang, die entgiftende Iyashi-Dome-Liege und die Massage- und Kosmetikangebote in den Behandlungssuiten. Leider nicht günstig.

Potsdamer Str. 3, 11. Stock • S/U Potsdamer Platz • 030/590 05 11 00 • Mo–Sa 10–22, So 10–20 Uhr • www.onospa.de

✳ Spirit Yoga Spa

Erst ein paar **Asanas** üben und sich dann verwöhnen lassen, so lautet das Konzept dieses Spas. Ob Lomi Lomi, Shiatsu oder Reiki, die verschiedenen Massagetechniken garantieren Entspannung für jeden Geschmack, besonders in Verbindung mit einem Saunagang. Von frisch ausgebildeten Masseuren wird man günstiger massiert.

Don't miss

Der Tiergarten bietet einige der besten Joggingstrecken Berlins. Also Laufschuhe nicht vergessen.

Goethestr. 2–3 • U Ernst-Reuter-Platz •
030/27 90 85 05 • www.spirityoga.de •
Mo–Fr 10–20, Sa, So 11–19 Uhr

Nürnberger Str. 7 • U Wittenbergplatz •
030/25 75 76 60 • www.thermen-
berlin.de • Mo–Sa 10–24, So 10 bis
21 Uhr

✳ Susanne Kaufmann Spa im Das Stue

Nach einem Spaziergang durch
den Tiergarten können sich auch
externe Gäste im luxuriösen
Boutiquehotel verwöhnen lassen. Nach ein paar Bahnen
im 14 Meter langen Pool ist
die **finnische Glassauna**
dran. Anschließend tut
eines der Treatments gut
wie Beauty-Behandlungen
oder die (Partner-)Massagen.

Drakestr. 1 • S Tiergarten • 030/
31 17 22 0 • www.das-stue.com • tgl.
6–22, Behandlungen tgl. 10–21 Uhr

✳ Thermen am Europacenter

Mitten in der City West gibt es auf 5000
Quadratmetern eine großzügige **Sauna-
und Wellnesslandschaft** mit einem eigenen Frauenbereich. Im Bademantel
eingekuschelt ruhen sich die Besucher
anschließend auf der großen Dachterrasse aus. Für Besucherinnen mit wenig
Zeit eignen sich die Pausen-Treatments
des Day Spas auf Thalassobasis.

*In den Thermen am Europa-
center relaxt man mitten in der
City-West.* →

✳ Tranxx Floatcenter

In den geräumigen **Floatingtanks** mit
Solewasser schwebt man allein oder zu
zweit, baut dabei Stress ab und stärkt
das Immunsystem. Anschließend ist
eine ayurvedische Garshan-Massage
mit Seidenhandschuhen oder eine spe-
zielle Anti-Migräne-Massage eine gute
Wahl – auch als Partnermassage erhältlich.

Akazienstr. 27/28 • U Eisenacher
Straße • 030/78 95 51 53 •
www.tranxx.de • tgl. 10–22 Uhr

Ausgehen

Nach der Wende hat sich das Epizentrum des Berliner Nachtlebens erst einmal von Charlottenburg nach Mitte verlagert. Doch in den letzten Jahren lässt der Westen wieder mehr von sich hören. Neue Bars machen auf, und auch tanzfreudige Nachtschwärmer kommen auf ihre Kosten. Eine neue Ausgehszene bildet sich zum Beispiel gerade rund um den Stuttgarter Platz. Wo früher das Rotlichtmilieu zu Hause war und ganz früher die Kommune 1, machen jetzt immer mehr nette Bars und Kneipen auf, die ein bunt gemischtes Publikum anziehen. Das traditionelle Ausgeh-Mekka für Schwule und Lesben ist seit den 1920er-Jahren das Gebiet rund um den Nollendorfplatz in Schöneberg. Pauschal lässt sich sagen, dass es im Westberliner Nachtleben etwas schicker, mondäner und funkelnder zugeht als im Rest der Stadt. Von Schmuck und Schminke darf es gern mehr sein.

✳ 40 Seconds

Ein **1a-Panoramablick** über die ganze Stadt hat dieser Club im achten Stock zu bieten. Freitags schallt R'n'B aus den Boxen, samstags geht es housig zu. Gute Flirtchancen bestehen auf den beiden Dachterrassen und in den Lounges. Das Publikum ist für Berliner Verhältnisse recht chic unterwegs.

··

Potsdamer Str. 58 · S/U Potsdamer Platz · 030/89 06 42 10 · www.40seconds.de

✳ Adagio

Hier wird nicht gekleckert, sondern geklotzt: Fünf Bars auf zwei Ebenen, dazu Blumenschmuck, barocker

Stuck und Skulpturen machen die **Großraumdisco** zu einem echten Feiertempel. Das internationale Publikum tanzt in schicker Klamotte zu Dance-Music und R'n'B.

··

Marlene-Dietrich-Platz 1 · S/U Potsdamer Platz · www.adagio.de · Fr, Sa ab 22 Uhr

✳ Astor Film Lounge

In diesem **Kino** werden Besucherinnen wie Starletts behandelt: Ein Doorman parkt auf Wunsch das Auto, der Mantel wird an der Garderobe zuvorkommend entgegengenommen, und es gibt ein Willkommensgetränk an der Bar. Im Kinosaal servieren Kellner Drinks und Häppchen am Platz. Dazu laufen Blockbuster und Evergreens, teilweise sogar in 3D.

Kurfürstendamm 225 • U Kurfürstendamm • 030/8 83 85 51 • www.astor-filmlounge.de

↑ *Prunkvoll feiern im »Adagio« am Potsdamer Platz: Die Riesen-Disco hat gleich mehrere Etagen.*

✳ Catwalk Bar

Fashion-Victims sollten sich die Bar im »Mariott Hotel« nicht entgehen lassen. Denn das Interieur trägt die Handschrift von Designer **Michael Michalsky**. Er richtete sie mit Tierfellprints und Regie-Stühlen für die Gäste ein. An den Wänden hängen Bilder von Mode-Ikonen. DJs sorgen regelmäßig für guten Sound.

Inge-Beisheim-Platz 1 • S/U Potsdamer Platz • 030/2 20 00 54 40 • www.catwalk-berlin.com • tgl. ab 18 Uhr

✳ Ex'n'Pop

Von außen sieht der Laden wild aus, innen ist es aber rustikal-gemütlich. Auf der **Bühne** finden Konzerte, Lesungen oder Karaoke statt. Und danach wird gefeiert bis in die Puppen, was in die-sem Fall bedeutet: bis lange nach dem Morgengrauen. Somit ist der Laden auch ein guter Ort für einen späten Absacker.

Potsdamer Str. 157 • U Bülowstraße • 030/21 99 74 70 • www.exnpop.de • Di–So ab 22 Uhr

✳ Galander

Die Gegend um den Stutti, den Stuttgarter Platz, hatte lange einen miesen Ruf. Doch mehr und mehr weichen Sex-Clubs **schönen Bars** wie dieser. Sie ist im Stil der 1920er-Jahre gehalten und serviert in weichen Ledersesseln erstklassig gemixte Cocktails. Dazu säuselt leiser Jazz. Einfach gemütlich!

Stuttgarter Platz 15 • U Wilmersdorfer Straße, S Charlottenburg • 030/ 36 46 53 63 • www.galander-berlin.de • Di–So 18–2 Uhr

✳ Goya Club

Aufbrezeln ist angesagt, wenn ihr in diesem Club Spaß haben wollt. Denn Turnschuhträger müssen leider draußen bleiben. Im **Glamour-Ambiente** steigen in dem stuckverzierten Prachtbau unter Kronleuchtern Partys für ein erwachsenes Publikum, ob nun mit Single-, Schlager- oder Ü30-Motto.

↓ *Cheers! Im Nachtleben der City West geht es etwas schicker zu als sonst in Berlin üblich.*

Nollendorfplatz 5 • U Nollendorfplatz • 030/419 93 90 00 • www.goya-berlin.com • Fr–Sa 21–6 Uhr

✳ Green Door

Schon wegen der liebevollen Einrichtung lohnt sich ein Besuch: Die Wände sind blau-weiß kariert, schöne Lederpolster und dunkles Holz schaffen **Gemütlichkeit**. Der beste Platz, um die Künste des Barkeepers zu bestaunen, ist am Tresen. Dort gibt es auch schnell neue Knabbereien, wenn sie leer gefuttert sind.

Winterfeldstr. 50 • U2 Nollendorfplatz • 030/215 25 15 • www.greendoor.de • So–Do 18–3, Fr, Sa 18–4 Uhr

✳ Lang Bar

New York trifft Berlin: Während die Cocktails nach Rezepten aus dem Luxushotel »The Waldorf Astoria« in Manhattan gemixt werden, stammt der Name von dem Berliner Filmemacher Fritz Lang. In gediegenem Ambiente lässt sich an der schmucken **Hotelbar** ein Drink nehmen und dabei das Treiben um die Gedächtniskirche beobachten.

Hardenbergstr. 28 • S/U Zoologischer Garten • 030/81 40 00 00 • www. waldorfastoriaberlin.com • tgl. 17–2 Uhr

Zweimal Bar Lebensstern: 1920er-Jahre-Chic am langen Tresen, als Rückzugs-raum bietet sich das Herrenzimmer mit ledernen Clubsesseln an. Vorrätig sind mehr als 1800 verschiedene Spirits.

☀ Lebensstern Bar

Den Charme der **1920er-Jahre** verströmt die Bar über dem berühmten »Café Einstein«. Sie befindet sich im früheren Wohnhaus von Stummfilmstar Henny Porten und zeichnet sich durch eine beeindruckende Spirituosen-Vielfalt aus: 600 Rum- und 100 Ginsorten stehen dem Barkeeper zur Verfügung. Beste Voraussetzungen für leckerste Cocktails!

Kurfürstenstr. 58 • U Kurfürstenstraße • 030/26 39 19 22 • www.cafe-einstein.com • tgl. ab 19 Uhr

↑ *Wer achtet schon auf die nackten Holzdielen, wenn an der Decke die Discokugel flimmert? Party lässt sich überall machen.*

☀ Puro Sky Lounge

Was für ein Ausblick! **Lounge und Club** im 20. Stock des Europacenters bieten ein atemberaubendes Panorama. Wer sich an der beleuchteten Stadt sattgesehen hat, sollte einen Blick in die Cocktailkarte werfen. Denn die Barmixer sind echte Könner. Je nach Event locken DJs mit Black Music oder Elektro auf die Tanzfläche. Ach ja, Beyoncé schwang hier auch schon die Hüften.

Tauentzienstr. 9–11 • U Kurfürstendamm • 030/26 36 78 75 • www.puro-berlin.de • Bar: Do–Sa ab 20, Club: Do, Sa ab 22 Uhr

☀ Quasimodo

Wie es sich für einen **Jazz-Club** gehört, ist es eng, dunkel und laut. Dafür entlohnen die richtig guten Live-Acts zwischen Funk, Soul und Blues. Bei Event-Reihen wie den regelmäßigen Jamsessions ist der Eintritt frei. Snacks serviert das dazugehörige Café.

Kantstr. 12a • U/S Zoologischer Garten • 030/31 80 45 60 • www.quasimodo.de

Geht gar nicht

So schön der Ku'damm tagsüber als Shoppingmeile ist, so wenig eignet er sich abends zum Ausgehen. Die meisten Bars und Clubs lohnen sich nicht.

✳ Stagger Lee

Auf der Suche nach ein paar flotten Cowboys? Trotz **Saloon-Ambiente** mit Klavier und Pokertisch wirken die Gäste nicht wie Westernhelden, sondern angenehm normal. Über den Tresen schiebt der Barkeeper mit Lederschürze ehrlich gemixte Profi-Drinks, die es in sich haben.

Nollendorfstr. 27 • U Nollendorfplatz • 030/29 03 61 58 • www.staggerlee.de • Di–Sa ab 18 Uhr

✳ Universum Lounge

Die weißen Ledersessel könnten glatt aus dem Cockpit eines **Spaceshuttles** stammen. Sie passen gut zu den zeitlosen Stilelementen und reduzierten, aber eleganten Formen, die den Look der Lounge prägen. Auch sonst hat sich die Bar ganz und gar dem Weltraum gewidmet – so auch die Cocktailkarte mit Drinks wie dem Sputnik, eine »Astronautennahrung aus Vodka, Säften, Man- del und Gurke«. Bis 21 Uhr ist Happy Hour.

Kurfürstendamm 153 • U Adenauerplatz • 030/32 76 47 93 • www. universumlounge.com • tgl. 18–3 Uhr

✳ Victoria Bar

Seit über zehn Jahren ist sie eine feste Institution im Nachtleben vieler Berliner. In der Bar passt alles zusammen: die grünen Ledersitze, das dunkle Holz, die Kunst an der Wand. Aber eigentlich kommen die Besucher wegen der professionell **gemixten Drinks** hierher. Die Barmixer geben ihr Wissen auch gern weiter, und zwar in der »Schule der Trunkenheit«. In Seminaren erfahren Sie, was Sie bestimmt noch nicht über die diversen Alkoholika wussten.

Potsdamer Str. 102 • U Kurfürstenstraße • 030/25 75 99 77 • www. victoriabar.de • So–Do 18.30–3, Fr, Sa 18.30–4 Uhr

Die »Victoria Bar« bietet nicht nur gepflegte Cocktails, sondern auch Kurse an. →

Übernachten

Nach einem aufregenden Tag oder einer nicht enden wollenden Nacht in der Hauptstadt winken im Berliner Westen einige der wahrscheinlich exzentrischsten Übernachtungsmöglichkeiten Berlins. Wer schon immer davon träumte, in einem Bergwerk zu schlafen oder direkt neben der Badewanne aufzuwachen, kommt in diesem Teil der Stadt auf seine Kosten. Aber auch Designfreaks, die zum Beispiel im »Stue« oder »25hours Hotel Bikini Berlin« in vollendeten Formen schwelgen möchten. Eines bitte trotz aller Aufregung über so wunderbar ausgefallene Hotelzimmer nicht vergessen: das Zubettgehen. Denn morgen wartet schon wieder ein neuer spannender Berlin-Tag!

✳ 25hours Hotel Bikini Berlin

149 Zimmer mit einer Einrichtung an der Schnittstelle von Großstadt und Dschungel: Im jungen **Design-Look** loungt es sich in Hängematten vor dem Hotelfenster oder vertreiben sich die Gäste die Zeit in der auf Wohnzimmer getrimmten Lobby. Restaurant und Bar im Dachgeschoss mit Blick über die City West runden das Angebot ab.

Budapester Str. 40 • S/U Zoologischer Garten • 030/26 36 95 94 • www.25hours-hotels.com

✳ Das Stue

In dem mondänen Altbau aus dem Jahr 1939 war einst die Königlich Dänische Gesandtschaft untergebracht. Nun knöpfte sich die spanische Designerin Patricia Urquiola die Gestaltung des Innenlebens vor und schuf eine **Oase** des gehobenen Geschmacks, die weder steif noch überkandidelt wirkt. Speziell: Einige Zimmer erlauben den Ausblick auf die Tiere des Berliner Zoos.

Drakestr. 1 • Tram Corneliusbrücke • 030/3 11 72 20 • www.das-stue.com

✳ Ellington Hotel

Das denkmalgeschützte Gebäude stammt aus den Goldenen Zwanzigern, die Einrichtung ist absolut zeitgenössisch. Das moderne **Designhotel** hat 285 Zimmer, darunter verschiedene Suiten wie die Turmsuiten mit einem einzigartigen Blick über die Dächer Berlins und das der legendären Kaiser-Wilhelm-Gedächtniskirche.

Das »Stue« ist das neue Inn-Hotel im Westen.

Nürnberger Str. 50–55 ·
U Wittenbergplatz · 030/68 31 50 ·
www.ellington-hotel.com

☀ H10 Berlin Ku'damm

Früher wurde in diesem restaurierten, historischen Altbau gebüffelt und gepaukt. Das **ehemalige Schulgebäude** aus dem 19. Jahrhundert mit angeschlossenem Neubau ist heute ein Vier-Sterne-Hotel mit Beauty Centre, Restaurant und Bar. Charakteristisch in den Zimmern: Am Kopfende der Betten sind die Wände mit schönen Mustertapeten verkleidet.

Joachimstaler Str. 31–32 · U Kurfürstendamm · 030/3 22 92 23 00 ·
www.hotelh10berlinkudamm.com

☀ Hotel Bleibtreu

In einer schönen Seitenstraße des Kurfürstendamms liegt in einem Charlottenburger **Patrizierhaus** aus dem 19. Jahrhundert das »Bleibtreu«. Bunte Quadratfliesen sorgen im Bad, beigeweiß gestreifte Polstersessel in den

Schlafzimmern der ansonsten hell und schlicht gehaltenen 59 Zimmer des Vier-Sterne-Hotels für Farbe. Viele Gäste bleiben diesem Haus bei ihren Berlinbesuchen treu.

Bleibtreustr. 31 · U Uhlandstraße ·
030/88 47 40 · www.bleibtreu.com

☀ Hotel Concorde

In der luftigen Lobby räkelt sich eine Holzskulptur in Form eines Frauenkörpers und empfängt die Gäste des luxuriösen Fünf-Sterne-Hotels. In die Zimmer nimmt man das **»geräumige«** Gefühl, das man im Erdgeschoss hatte, mit, sie gehören zu den größten der Stadt. Selbst in der Standardkategorie geht es mit großzügigen 40 Quadratmetern los.

Augsburger Str. 41 · U Kurfürstendamm · 030/800 99 90 ·
www.berlin.concordehotels.de

☀ H'Otello K'80

Nur 300 Meter vom Ku'damm entfernt, ist das Hotel der perfekte Ausgangspunkt für Shopping, Ausgehen und Kultur im Westen der Stadt. Die 83 geschmackvoll eingerichteten Zimmer – davon fünf Dachterrassen-Studios – versüßen mit **Kingsizebetten** den

Don't miss

Beim Buchen des Hotels auf gute Bars im Haus achten. Im Westen liegen einige der besten Bars unter den Dächern von Hotels, beispielsweise im »Stue«, »Q! Hotel« oder »Waldorf Astoria«.

guten Schlaf. Lounge und Bibliothek mit Kamin schaffen gemütliche Relaxzonen in den öffentlichen Bereichen.

Knesebeckstr. 80 · S Savignyplatz · 030/680 73 10 · www.hotello.de

✳ Ku' Damm 101

Cool und unkompliziert ist das Designhotel »Ku' Damm 101« – und zeigt sich dabei von einer äußerst geschmackvollen Seite. Das Drei-Sterne-Haus ist das einzige Hotel Deutschlands, das nach den Farb- und Gestaltungsprinzipien von **Bauhaus**-Visionär Le Corbusier entstand. Das Mobiliar stammt zum Teil exklusiv aus den Federn junger deutscher Designer.

Kurfürstendamm 101 · S Berlin Halensee · 030/520 05 50 · www.kudamm101.com

✳ Q! Casa

Als kleine Schwester vom »Q! Hotel« setzt auch »Q! Casa« auf modernes Design. Die 34 Zimmer und Appartements liegen in der Nähe der Attraktionen des Berliner Westens. KaDeWe, Zoo und Savignyplatz sind zu Fuß erreichbar. Als **»Pop Up Hotel«** konzipiert, plant die temporäre Herberge, irgendwann an einen anderen Ort umzuziehen.

Im Hotel »Ku' Damm 101« kommen Design-Fans auf ihre Kosten. →

Schlüterstr. 40 · U Adenauerplatz · 030/280 30 00

✳ Q! Hotel

Die Architekturfreunde von Brad Pitt, Graft, haben dieses Hotel geplant. **Organische** Formen und Badewannen neben dem Bett gehören zum Clou der Zimmer und der Lobby. Die Bar steht sowohl den Hotelgästen als auch den Mitgliedern des Members Clubs offen. So treffen sich hier Reisende und Berliner bei Gin Tonic und Co.

Knesebeckstr. 67 · U Uhlandstraße · 030/810 06 60 · www.loock-hotels.com

✳ Scandic Hotel

Das »Scandic Hotel« am Potsdamer Platz setzt auf Harmonie zwischen Mensch und Natur. Die Materialien der

Einrichtung sind **ökologisch** wertvoll, die Gestaltung friedlich und durch den Einsatz von Fair Trade-Produkten übernimmt das Haus zusätzliche soziale Verantwortung. Hinter der abwechslungsreichen Speisekarte des Restaurants steht der britische TV-Koch Jamie Oliver.

Gabriele-Tergit-Promenade 19 •
U Mendelssohn-Bartholdy-Park •
030/7 00 77 90 • www.scandichotels.fi

✳ The Mandala Hotel

Ein Hotel für die ganz prall gefüllte Kreditkarte, aber man lebt ja nur einmal. »The Mandala Hotel« ist das einzige privat geführte Fünf-Sterne-Superior-Hotel Berlins und hat damit einen ganz eige-

↓ *Frühstück im Bett – so kann der Tag auf jeden Fall anfangen. Wer's etwas üppiger mag als Croissant und Kaffee, wird natürlich auch fündig!*

nen Charme. Die 158 hellen Studios und Suiten sind top durchdesignt, der Spa in der 11. Etage ist eine Offenbarung für die Sinne.

Potsdamer Str. 3 • S/U Potsdamer Platz • 030/590 05 00 00 • www.themandala.de

✳ The Waldorf Astoria

Der Name bedarf eigentlich fast keiner weiterer Erklärung. »Waldof Astoria« – das steht für **Fünf-Sterne-Luxus** allererster Hotelschule. Die Zimmer sind gediegen, elegant und zeichnen sich durch eine gerade Linienführung aus. Aber, keine Angst: Blümchenteppich und Vorhänge sucht man hier vergebens.

Please do not disturb

Hardenbergstr. 28 • S/U Zoologischer Garten • 030/8 14 00 00 • www.waldorfastoriaberlin.com

Das Hotel »Bleibtreu« ist ein guter Ausgangspunkt für einen Berlin-Trip.

Der Osten

Nicht immer stilvoll, aber auf jeden Fall bunt und abwechslungsreich geht's hier in diesem jungen und kreativen Viertel zu. Eine Veganer-Hochburg!

Rund um den »Boxi«, den Boxhagener Platz, geht es lässig zu. In den Coffee-Shops sitzen junge Familien neben Punks, Studenten neben Hipstern. Friedrichshain hat seit Anfang der 1990er, als mehrere Häuser von linken Gruppen besetzt wurden, eine breite alternative Szene. Das drückt sich im Angebot vieler Geschäfte und Cafés aus. Wohl nirgendwo in Berlin gibt es zum Beispiel so viele vegane Imbisse. Unter anderem wurde in der Boxhagener Straße der »Vöner«, eine vegane Variante des Döner, erfunden.

Die Haupt-Flaniermeile ist die Simon-Dach-Straße. Dort reihen sich Geschäfte, Cafés, Cocktailbars und Restaurants aneinander. Nicht immer sind sie besonders stilvoll oder lecker. Stattdessen locken sie Besucher vor allem mit günstigen Happy-Hour-Angeboten. An den Wochenenden haben laute und trinkfreudige Touristengruppen die Gegend für sich entdeckt – sehr zum Unmut der Anwohner. Besser nimmt man ein abendliches Getränk in den Bars der Seitenstraßen zu sich, um dann in die Nacht zu starten. Locations zum Abhängen und Feiern gibt es viele, darunter das zum besten Club Europas gekürte »Berghain«.

Ganz anders als um den »Boxi« ist die Atmosphäre am Spreeufer am Fuß der Oberbaumbrücke. An die stark befahrene Stralauer Allee zog 2002 das Plattenlabel Universal, auf dessen Terrasse Besucher Kaffee trinken und den Ausflugsschiffen zuwinken können. Gleich daneben befinden sich der Musiksender MTV und das Design-Hotel »Nhow«, Europas erstes Musikhotel.

Westlich der Oberbaumbrücke befindet sich die East Side Gallery. Der fortschreitenden Bebauung des Spreeufers müssen immer mehr Strandbars und Clubs weichen, die sich in der Nähe des Ostbahnhofs angesiedelt haben. Bisher vom Bauboom verschont geblieben ist das »Yaam«, eine karibisch angehauchte Strandbar mit Basketballfeldern, Skateboard-Rampe, tollen Reggae-Partys und Livemusik.

Café Schönbrunn

New Berlin

U Schillingstraße

Platz der
Vereinten
Nationen

Galerie
Jette Rudolph

Strausberger
Platz
U Strausberger Platz

Karl-Marx-Allee

U CSA Karl-
Weberwiese

Kiezsauna

Friedrichshain

U Jannowitz-
brücke

S Jannowitz
brücke

Innside

Hermann-
Stöhr-Platz

Karre

Ostel

Berghain

U Kopenicker
**Heinrich-
Heine-Straße**

Radialsystem V

Straße

Ostbahnhof

S Ostbahnhof

St.-Michael-
kirche

Michael
kirchplatz

Schilling-
brücke

Yaam

Park an
der Spree

Rummels-
burger
Platz

Monster
Ronson's
Ichiban Karaoke

Bethanien

St.-Thomas-
Kirche

East-Side-
Park

East Side
Gallery

Michel-
berger
Hotel

Kreuzberg

Mariannen-
platz

Ballhaus
Naunynstr.

Eisenbahn-
markthalle

Eastern
Comfort

Unive
Ostha

Oberbaumbrück

U Kottbusser Tor

U Skalitzer Straße

Görlitzer
Bahnhof

Lausitzer
Platz

U Schlesisches Tor

Maschari-
Center

Spree-
wald-
platz

Görlitzer

Park

Legend:
- Kultur
- Shopping
- Restaurant
- Wellness
- Ausgehen
- Übernachten

N

0 — 300 m

Map labels:

Storkower Straße

Kaminsauna

Soulfood Massagen

Sanatorium 23

Frankfurter Tor

Frankfurter Allee

Samariter-straße

Theater Verlängertes Wohnzimmer

Frankfurter Allee

Junckers Hotel Garni

Booze Bar

Kuchen-Rausch

Upstals-boom

Goldfisch

Cupcake

Fußgarage

Broke & Schön

Luccico

Krosener Str. Hausen

Van Liebling

Olivia

Visby

Prachtmädchen

Stiefelknecht

Frieda Hain

RAW Tempel

Almodóvar Hotel

Stoffbruch

Schneeweiß

Bar zum schmutzigen Hobby

Wahrhaft Nahrhaft

KaaLee

Transit

Who killed Bambi?

Warschauer Straße

Warschauer Straße

Annemirl-Bauer-Platz

Plus Berlin

Ostkreuz

Nhow Berlin

Rummelsburg

Bürgergarten

Lohmühlen-insel

Spree

Rummels-burger See

Kultur

Große Museen sucht man in Friedrichshain vergeblich. Dafür eignet sich der Bezirk für ausgedehnte Spaziergänge, die viel über die Geschichte Berlins erzählen – vielleicht mehr als es Ausstellungen vermögen. So gehört eine Tour entlang der East Side Gallery zu jedem noch so kurzen Berlin-Besuch. Denn das bunt bemalte Mauerstück an der Spree ist das längste seiner Art. Entlang der Karl-Marx-Allee lässt sich sozialistische Architektur bewundern. Darüber hinaus hat Friedrichshain eine bunte Off-Kultur-Szene. Auf kleinen Bühnen oder einem weitläufigen Bahngelände, dem RAW-Tempel, kommen Vorstellungen jenseits des Mainstream auf die Bühne. Anspruchsvolle Tanz- und Musikaufführungen zeigt das Radialsystem direkt an der Spree.

✳ East Side Gallery

Von der **Mauer** ist nicht mehr viel übrig. Der 1316 Meter lange Abschnitt entlang der Mühlenstraße bildet eine Ausnahme und ist heute eine Freiluftgalerie. Im Frühjahr 1990 verewigten sich dort 118 Künstler aus 21 Ländern mit Bildern zum Thema Freiheit und Frieden. Sie setzen sich bis heute für den Erhalt ein und bieten auch Führungen an.
....
Mühlenstr. • S Ostbahnhof • www.eastsidegallery-berlin.de

✳ Galerie Jette Rudolph

In ihren Ausstellungsräumen zeigt Jette Rudolph zeitgenössische **Kunst** deutscher und internationaler Künstler. Neben Gemälden finden auch Skulpturen und Installationen Eingang in die großzügigen Räumen. Immer wieder werden auch Fotografien ausgestellt.
....
Strausberger Platz 4 • U Strausberger Platz • www.jette-rudolph.de • Di–Fr 11–17 Uhr

Don't miss

In den Retro-Fotoautomaten an der Warschauer Brücke (und vielen anderen Orten der Stadt) kann man günstig tolle Erinnerungsfotos schießen. Die Schwarz-Weiß-Shots könnten fast als Kunst durchgehen.

✳ Karl-Marx-Allee

Für **Architekturfans** lohnt sich ein Spaziergang vom Frankfurter Tor in Richtung Alexanderplatz. Denn entlang der früheren Stalinallee gibt es verschiedene sozialistisch geprägte Baustile. Neben Hans Scharouns Laubenganghäusern (Nr. 102–104 und 126–128) wird die Straße vor allem von sogenannten »Arbeiterpalästen« gesäumt.

U Frankfurter Tor

✳ Oberbaumbrücke

Seit 1896 verbindet die Brücke mit ihren charakteristischen Türmchen Kreuzberg und Friedrichshain. Nicht nur der Straßenverkehr, auch die Hochbahn rollt über das **Backstein-Bauwerk**. Fußgänger können in eine Richtung den Fernsehturm, in die andere die haushohen *Molecule Men* in der Spree knipsen.

Warschauer Str. 43 •
S/U Warschauer Straße

✳ Radialsystem

Tanz, Theater und Konzerte stehen in dem imposanten Backsteingebäude an der Spree auf dem Programm. Das ehemalige **Pumpwerk** wurde durch moderne Architektur ergänzt. Neben einem wechselnden Spielplan gehören regelmäßige Events wie ein Familienbrunch, Bootstouren oder klassische Musik mit Yoga zum Angebot.

Holzmarktstr. 33 • S Ostbahnhof •
030/28 87 88 50 • www.radialsystem.de

✳ RAW Tempel

Auf dem Gelände des ehemaligen Reichsbahn-Ausbesserungs-Werks herrscht seit den 1990er-Jahren ein buntes kulturelles Treiben. Viele **Künstler** haben in den denkmalgeschützten Gebäuden ihre Ateliers, Musiker ihre Proberäume. Neben Clubs und Bars gibt es eine Kletterhalle und einen sonntäglichen Flohmarkt.

Revaler Str. 99 • S/U Warschauer
Straße • 030/292 46 95 •
www.raw-tempel.de

*Ein Muss für jeden Berlin-Besuch
ist die East Side Gallery.* →

↑ *Amsterdam? Stockholm? Venedig?*
Nein, auch die 1724 erbaute Ober-
baumbrücke ist für einen romantischen
Sonnenuntergang gut.

✳ Theater Verlängertes Wohnzimmer

Wer sich für Inszenierungen abseits der großen Bühnen interessiert, ist in diesem **Off-Theater** genau richtig. Auf den 60 Plätzen sind die Zuschauer nahe am Geschehen und können die Auftritte von Laien- und Profi-Darstellern verfolgen. Regelmäßig gibt es Improtheater und Poetry Slam.

Frankfurter Allee 91 • U Frankfurter Allee • 030/45 30 63 51 • www.theater-verlaengertes-wohnzimmer.de

✳ Tilsiter Lichtspiele

Im zweitältesten **Kino** der Stadt kann man nicht nur Filme sehen. Die angeschlossene Bar ist zugleich auch ein guter Ort, um anschließend über die vorgeführten Indie-Produktionen aus aller Welt zu diskutieren. Gelegentlich gibt es Filme mit Musik-Begleitung.

Richard-Sorge-Str. 25a • U Frankfurter Tor • 030/426 81 29 • www.tilsiter-lichtspiele.de • Mo–Mi 17.30–2, Do 16–2, Fr–So 14.30–3 Uhr

Treptower Park & Plänterwald

Los geht unser Spaziergang am S-Bahnhof Treptower Park. An der Bootsanlegestelle vorbei schlängelt sich der Weg entlang der Spree. Der Park wurde zwischen 1876 und 1888 angelegt. Mit Schlager- oder Jazzmusik kündigt sich am Wochenende schon von Weitem das Gasthaus »Zenner« an. In den Sommermonaten tanzen Rentner auf der großen Terrasse des Ausflugslokals. Gleich gegenüber ist ein Tret- und Ruderbootverleih. Mit den Booten lässt sich die Insel der Jugend umrunden. Sie ist über eine Brücke mit dem Festland verbunden und Heimat eines Jugendklubs.

Wer weiter dem Weg entlang der Spree folgt, erblickt rechts durch den Zaun ein verwittertes Riesenrad. Es gehört zum ehemaligen Spreepark. Zu DDR-Zeiten war der Vergnügungspark ein beliebtes Ausflugsziel. Nach der Wende übernahm ihn ein zwielichtiger Unternehmer und ging pleite. Seit Jahren sucht die Stadt nach einem neuen Nutzer. Hinter dem Spreepark liegt eine Anlegestelle, von der eine Fähre zum BVG-Tarif nach Oberschöneweide übersetzt.

Wir kehren jedoch um und gehen zurück bis zur Insel der Jugend. Dort halten wir uns links und überqueren die Puschkinallee. Im Park biegen wir an der zweiten Kreuzung rechts ab. Weiter geradeaus liegt zu unserer Linken der Karpfenteich. Wir sehen bereits die Rückseite des Sowjetischen Ehrenmals. Der Eingang ist weiter nordwestlich.

Durch einen Triumphbogen aus Granit betreten wir die Gedenkstätte für die gefallenen Soldaten der Roten Armee. Über einem breiten Feld erblickt man die Statue eines sowjetischen Soldaten mit einem Kind auf dem Arm. Durch den Ausgang Puschkinallee verlassen wir das Mahnmal. Einige Hundert Meter weiter links befindet sich auf der gegenüberliegenden Straßenseite wieder der S-Bahnhof Treptower Park.

Shopping

Hinsichtlich der Einkaufsmöglichkeiten wird Friedrichshain gern unterschätzt. Dabei gibt es rund um den Boxhagener Platz und entlang der Wühlisch- und Kopernikusstraße einige der besten Klamottenläden der Stadt. Im Gegensatz zu vielen Boutiquen in Mitte sind die Preise bodenständig und das Angebot ist mit viel Liebe und einem Blick für alltagstaugliches Design zusammengestellt. Viele junge Designer haben in Friedrichshain ihre Ateliers und Geschäfte. Während im Hinterzimmer die Nähmaschine rattert, probieren die Kundinnen im Geschäft die neuesten Entwürfe an. Das hat den Vorteil, dass das Lieblingskleid oder die heiß begehrte Hose nachträglich an die eigenen Körpermaße angepasst werden können. Modellkleidung für Normalbürger – wo gibt's das sonst noch?

✳ Broke & Schön

Schon die zart gemusterten Tapeten und verspielten Leuchten sorgen dafür, dass sich frau sofort verstanden fühlt. Auf den Kleiderstangen hängen Röcke, **Kleider** oder Blusen. Dazu passend gibt es Strumpfhosen, Mützen, Hosen, Taschen, Schmuck und Schuhe, alles tragbar und schön, sodass die Gefahr besteht, den Laden tatsächlich *broke*, also pleite, zu verlassen.

Krossener Str. 9–10 • U Frankfurter Tor/ Warschauer Straße • 030/77 90 65 34 • Mo–Fr 11.30–20, Sa 11–19 Uhr

✳ Endo

Der **Siebdruck-Künstler** Manabu Endo kam aus Tokio nach Berlin. Lange Zeit verkaufte er seine bedruckten T-Shirts, Pullover und Taschen auf Märkten. Jetzt hat er einen eigenen Laden, in dem er jeden Monat mit neuen Designs und Farbkombinationen aufwartet.

Niederbarnimstr. 19 • U Frankfurter Tor • 030/40 57 69 60 • Mo–Sa 12–20 Uhr

Don't miss

Am Boxhagener Platz ist samstags Wochen- und sonntags Flohmarkt. Beide sind sehr empfehlenswert!

! Designmärkte

Shoppen in Berlins Einkaufsstraßen und Shopping Malls ist eine Sache. Viel spannender ist es aber, sich über Märkte treiben zu lassen. Das Stadtmagazin Tip schätzt, dass es mehr als 50 Antik-, Design- und Flohmärkte in der Hauptstadt gibt. Unter die Stände mit gebrauchten Sachen auf den Flohmärkten am Mauerpark oder auf dem Boxhagener Platz haben sich in den letzten Jahren zunehmend junge Designer gemischt. Darüber hinaus haben sie sich aber mit teils regelmäßig, teils sporadisch stattfindenden Designmärkten eigene Plattformen geschaffen. Für Besucher sind diese Events eine tolle Möglichkeit, Unikate zu erstehen. Bezüglich der Termine ist es ratsam, die jeweilige Website zu checken, bevor man sich auf die Socken macht.

Samstags zwischen 11 und 17 Uhr reihen sich am Maybachufer zwischen Kottbusser Damm und Hobrechtstraße die Stände von Neuköllner Stoff (www.neukoellner-stoff.de) aneinander. So heißt die Veranstaltung, bei der Kreative Schmuck, Taschen, Kleidung und hübsche Alltagsgegenstände verkaufen. Wer selbst eine kreative Ader hat, kann sich mit schönen Stoffen und Nähzeug eindecken.

Der Nowkoelln Flowmarkt (www.nowkoelln.de) findet alle zwei Wochen ein paar Hundert Meter weiter ebenfalls am Maybachufer statt. Neben Secondhandständen haben Designer ihre Stände. Oft spielen dazu noch Bands, die Stimmung ist einfach wunderbar. Von Frühling bis Herbst veranstalten die gleichen Betreiber den Kreuzboerg-Markt in den Prinzessinnengärten und in der Adventszeit einen Weihnachtsmarkt im Umspannwerk Kreuzberg.

Auf der Suche nach Weihnachtsgeschenken empfiehlt sich ein Besuch beim Holy Shit Shopping (www.holyshitshopping.de) oder beim Weihnachtsrodeo (www.kadre.de). Dort gibt es schöne Dinge abseits von Kitsch und Lametta.

✳ Fluffi

Mut zur Farbe beweist dieser schöne Klamottenladen mit seinen bunten T-Shirts und Kleidern. Bemerkenswert ist darüber hinaus die große **Taschenauswahl** von kleinen, originellen Labels zu vertretbaren Preisen. Auch Mitbringsel wie Schmuck und andere Kleinigkeiten finden Kundinnen hier.

Kopernikusstr. 18a • U Frankfurter Tor/Warschauer Straße • Mo–Do 12–20, Fr–Sa 11–20 Uhr

✳ Frieda Hain

Wer gern näht und bastelt, muss jetzt ganz stark sein. Denn in diesem kunterbunten Laden gibt es wunderschöne **Stoffe**, Borten, Bänder und Knöpfe. Lampenschirme beziehen die Betreiber

nach Wunsch. Zudem verführt ein breites, liebevoll ausgewähltes Sortiment an Postkarten, hübschen Kleinigkeiten und Spielsachen zum Kauf.

Gärtnerstr. 10 • U Samariter Straße • 030/41 76 14 75 • www.friedahain.de • Mo–Fr 11–18.30, Sa 11–16 Uhr

✳ Fußgarage

Die Nase voll von unbequemen Schuhen? Dann ist dieser **Schuhladen** genau das Richtige. Denn ein hoher Tragekomfort ist ein wichtiges Auswahlkriterium für Stiefel, Sneakers und Pumps der Marken Vagabond oder HUB, die ein schöner Kronleuchter in Szene setzt. Eine weitere Filiale gibt es in Mitte.

Simon-Dach-Str. 13 • U Frankfurter Tor/Warschauer Straße • 030/84 72 67 77 • www.fussgarage.de • Mo–Fr 11–20, Sa 11–19 Uhr

✳ hAusen

Wie man es sich zu Hause schön macht, wissen die Inhaber dieses bezaubernden **Interieur-Geschäfts**. Da steht geschmackvolles Geschirr neben süßen Leuchten, Handtüchern, Kerzenständern, Kästchen oder Garderoben. Auch schöne Taschen und Postkarten gehören zum Sortiment.

Krossener Str. 19 • U Samariter Straße • 030/34 71 11 53 • post@friedahain.de • Mo–Fr 11–19, Sa 11–17 Uhr

Nur Klamotten? Nein danke! Shops wie das »Stoffbruch« setzen oftmals auf ein Gesamtkonzept aus Kleidern, Accessoires und Interieur-Design-Objekten – alles aus einem Guss eben.

↑ *Viele kleine Boutiquen wie der*
»Sorted Store« machen Friedrichshain
zu einem Shopping-Paradies.

✳ Ich Jane

Das Berliner Modelabel
macht zugleich tragbare
und bezahlbare Kleidung.
Sweater, Kleider, Röcke und
Hosen von Designerin Mi-
chaela Götzl sind bequem
und elegant. Für Kinder gibt
es seit Kurzem auf Anfrage
die Edition BabyJane mit
passenden   Oberteilen
für die Mini-Mes.

Boxhagener Str. 35 ·
U Samariter Straße · 030/22
49 45 68 · www.ichjane.de ·
Di–Fr 13 bis 19, Sa 13 bis
18 Uhr

✳ KaaLee Store

In liebevoller Handarbeit fertigt das
Berliner Label KaaLee **Taschen und
Portemonnaies** aus Leder an.
Die Designerinnen Leela Mona
Kaarow und Claudia Schlieter
setzen dabei auf perfekte
Verarbeitung und ver-
spielte Details. Neben
ihren eigenen Produkten ver-
kaufen sie auch schöne Accessoires und
Mode von ausgesuchten Labels wie
ICHI, Gsus oder Ragwear.

Niederbarnimstr. 11 · U Samariter
Straße · 030/54 46 75 02 · www.
kaalee.de · Di–Fr 12–20, Sa 12–19 Uhr

✳ Prachtmädchen

Es muss nicht teuer sein, abseits der
großen Bekleidungsketten einzukau-
fen. Das beweist dieser entspannte **Kiezladen**. Hier gibt
es tragbare Mode für
den Alltag: gut sit-
zende Jeans,
schöne Ober-
teile, aber auch
Schickeres zum Ausgehen. Die
Hausmarke Prachtstück stellt hand-
gemachte Accessoires und T-Shirts
mit dem Shop-Logo her.

Wühlischstr. 28 ·
U Frankfurter Tor/Warschauer Straße ·
030/97 00 27 80 · www.pracht-
maedchen.de · Mo–Fr
11–20, Sa 11–16 Uhr

✳ Sorted Store

Während man sich durch das Angebot von Sorted Berlin arbeitet, rattert nebenan die Nähmaschine von Lisa Münch. Denn unermüdlich näht die Designerin weitere bunte T-Shirts, Röcke und andere Kleidungsstücke für ihren schönen Shop. Außerdem führt sie andere **Berliner Labels** wie Augenblick, Hirschkind, Jaqueen oder Miniblings.

Gärtnerstr. 27 • U Samariter Straße • 030/76 23 24 63 • www.sorted-clothing.de • Mo–Sa 11–19 Uhr

✳ Stiefelknecht

Die Inhaberinnen von Prachtmädchen bieten wenige Meter von ihrem Klamottengeschäft entfernt das passende **Schuhwerk** zum lässigen Kiez-Look an. In den Regalen des kleinen Geschäfts mit Wohnzimmerflair stehen geschmackvolle Treter der Marken Vagabond, Kickers oder Bronx.

Wühlischstr. 27 • U Frankfurter Tor/Warschauer Str. • 030/29 04 81 72 • www.stiefel-knecht.de • Mo–Fr 11–20, Sa 11–16 Uhr

✳ Stoffbruch

Made in Berlin ist die Mode von André Hofmann und Moritz Biel. Sie zeichnet sich durch tragbare Schnitte mit **experimentellen Elementen** aus. Dadurch sind die Stücke niemals langweilig. In ihrem Store führen sie außerdem Klamotten befreundeter Designer.

Wühlischstr. 15 • U Samariter Straße • www.stoffbruch.com • Mo–Sa 12 bis 20 Uhr

✳ UVR Connected

2001 nahm die Erfolgsgeschichte des **Berliner Labels** in Friedrichshain seinen Anfang. Inzwischen gibt es die schlichte, schöne Streetwear in eigenen Shops in Schöneberg, Kreuzberg und Hannover. Gefertigt werden Jacken, Röcke, Shirts, Hosen und Pullover überwiegend in einer Schneiderei in der Uckermark.

Bei Stoffbruch kann man die Entwürfe lokaler Designer kaufen. →

Gärtnerstr. 5 · U Frankfurter Tor/Warschauer Straße · 030/27 57 14 98 · www.uvr-connected.de · Mo–Fr 11–20, Sa 11–20 Uhr

✳ Van Liebling

Unter seinem Namen bringt Chris van Liebling nicht nur Platten heraus. Er verkauft auch Klamotten »von der Straße für die Straße«. Club- und **Streetwear** von Marken wie Raised by Wolves, April 77 oder Herschel hängen auf den Kleiderstangen. Für Frauen gibt es darüber hinaus richtig hippe Accessoires.

Kopernikusstr. 8 · U Frankfurter Tor/Warschauer Straße · 030/99 00 22 92 · www.vanliebling.com · Mo–Sa 13 bis 20 Uhr

✳ Visby

Mode von Labels wie Nümph, Jeepers & Peepers oder Modström machen diesen Laden zu einer Fundgrube für modebegeisterte Frauen. Die alltagstauglichen Stücke von überwiegend **skandinavischen Firmen** sind handverlesen. So stehen die Chancen gut, ein echtes Lieblingsstück zu ergattern.

Gärtnerstr. 26 · U Samariter Straße · 030/81 80 84 18 · www.visby-berlin.de · Di–Fr 12–20, Sa 11–18 Uhr

✳ Who killed Bambi

Statt einer Antwort auf diese Frage finden Modebegeisterte in diesem Shop **trendige Klamotten** und Accessoires. Egal, ob es um Uhren, Schmuck oder T-Shirts geht, es darf gern knallig sein. Verrückte Sonnenbrillen und extravagante Taschen gehören ebenso zum Sortiment wie ausgefallene Portemonnaies. Weitere Filialen befinden sich in Mitte und Prenzlauer Berg.

Wühlischstr. 38 · U Frankfurter Tor/Warschauer Straße · 030/29 38 19 31 · wkbambi.wordpress.com · Mo–Sa 11–20 Uhr

✳ Zartbitter

Tragbare Kleidung für Sie und Ihn hat der sympathische Klamottenladen im Angebot. Besonders die große **Jeansauswahl** lässt Suchende fündig werden. Lohnenswert ist auch unabhängig vom *Sale* ein Blick in die Schnäppchenecke. Eine weitere Filiale gibt es in Prenzlauer Berg.

Wühlischstr. 27 · U Frankfurter Tor/Warschauer Straße · 030/20 05 33 07 · Mo–Fr 12–20, Sa 11.30–18 Uhr

Restaurants & Cafés

Es ist nicht unbedingt Haute Cuisine, die die Mehrheit der Friedrichshainer Gastronomen auftischt. Dafür haben die Cafés und Restaurants Herz. Oft steht der Chef persönlich hinterm Herd oder der Theke, zaubert leckere Tartes oder gesunde Mittagssnacks. Vielerorts tut er das mit regionalen und saisonalen Bio-Zutaten. Oft fügen sich die Lokale mit Tischen auf dem Trottoir ins lässige Friedrichshainer Stadtleben ein. Sie sind nicht nur Orte zum Nahrungsverzehr. Hier lassen sich auch das Treiben auf der Straße und die Menschen bestens beobachten. Ob zum Frühstück mit Freunden, zum Schnattern mit Gleichgesinnten oder zum Versacken am Tag nach einer durchzechten Nacht: Hier findet sich immer das Richtige. Darüber hinaus gibt es echte Perlen wie das im Volkspark Friedrichshain gelegene Café »Schönbrunn« oder das Restaurant »Schneeweiß«. Und jetzt: Guten Appetit!

✳ Café im Universal Osthafen Berlin

Im Gebäude des Plattenlabels **Universal Music** gleich neben MTV können auch Besucher ihren Kaffee schlürfen. Dabei sitzen sie auf der Terrasse direkt an der Spree mit Blick auf die vorbeiziehenden Ausflugsdampfer. Empfehlenswert ist auch das Mittagessen in der Kantine wochentags zwischen 11.45 und 15 Uhr.

Stralauer Allee 1 • U Warschauer Straße • 030/520 07 18 23 • www. universal-osthafen.de • Mo–Fr 8–18 (Winter), 8–20 Uhr (Sommer)

✳ Café Schönbrunn

Mitten im Volkspark Friedrichshain befindet sich das im Stil der 1960er-Jahre eingerichtete Restaurant mit Biergarten. Mit Blick auf den Schwanenteich genießen die Gäste **österreichisch-mediterrane Küche**. Die Zutaten dafür kommen überwiegend aus der Region. Auch zum Frühstücken ist das »Schönbrunn« eine gute Adresse.

Am Schwanenteich im Volkspark Friedrichshain • Tram Am Friedrichshain • 030/453 05 65 25 • www.schoenbrunn.net • tgl. 10–24 Uhr

✳ Cupcake Berlin

In allen Farben des Regenbogens leuchten die kleinen **Ku-chen** mit ihrem bunten Guss in der Auslage, sodass die Auswahl wirklich schwerfällt. Dawn Nelson und Daniel Bader denken sich immer neue Cupcake-Kreationen aus, unter anderem für Veganer und Gluten-Allergiker.

Krossener Str. 12 • U Frankfurter Tor/ S Warschauer Straße • 030/25 76 86 87 • www.cupcakeberlin.de • Mo–Di 13–19, Mi–So 12–19 Uhr

✳ KuchenRausch

Tatsächlich versetzen einen die hausgemachten Kuchen in eine Art Rauschzustand, so gut schmecken sie. Für den pikanten Appetit gibt es Suppen oder gefüllte Crêpes mit saisonalen Zutaten. Ein schöner Kachelofen und andere Details sorgen für Wohlfühlambiente. Nachtschwärmer bekommen bis 16 Uhr ein üppiges **Frühstück**.

Simon-Dach-Str. 1 • U Frankfurter Tor • 030/55 95 38 55 • www.kuchen rausch.de • tgl. ab 9 Uhr

Das Café »KuchenRausch« besticht mit besonderem Flair und hausgemachten Kuchen, selbstverständlich werden die in der eigenen Backstube hergestellt. →

✳ Olivia

»Die besten **Tartes** von Friedrichshain«, brüstet sich das sympathische Café mit Schokoladenladen. Lecker schmecken sie auf jeden Fall, egal, ob mit weißer, dunkler oder Vollmilchschokolade. Toll sind auch die originellen Kreationen zum Mitnehmen wie Kuchen im Glas, handbemalte Schoko-Kekse oder italienisches Konfekt.

Wühlischstr. 30 • U Warschauer Straße • 030/60 50 03 68 • www.olivia-berlin.de • Mo–Sa 12–19, So 13–18 Uhr

✳ Schneeweiß

Leckere **Alpenküche** serviert dieses ganz in Weiß gehaltene Restaurant. Zu den Leibspeisen der bunt gemischten

↑ Auch das Auge isst mit: Ein kultiviertes Ambiente und edles Geschirr steigern im »Schneeweiß« die Vorfreude aufs Essen – das wissen gute Gastronomen.

Kundschaft gehören Wiener Schnitzel, Käsespätzle oder Kaiserschmarrn. Aber auch ausgefallenere Gerichte wie das vegetarische Räucher-Tofu-Gulasch kommen gut an. Am Wochenende wird ein Brunch mit leckerer Brotzeit und warmen Gerichten serviert.

Simplonstr. 16 • 030/29 04 97 04 • S Warschauer Straße • www. schneeweiss-berlin.de • Mo–Fr 18–1, Sa–So 10 bis 1 Uhr

✳ Transit

Tapas kennen wir eigentlich aus Spanien. Doch dieses Lokal überträgt die Idee auf asiatisches Essen. Thailändische und **indonesische Spezialitäten** kommen ohne lange Wartezeit in kleinen Schüsselchen auf den Tisch. So lassen sich viele Köstlichkeiten probieren, ohne sich gänzlich zu überessen.

Sonntagstr. 28 • S Ostkreuz • www.transit-restaurants.com • tgl. 12–24 Uhr

✳ Wahrhaft Nahrhaft

Frisch und gesund sind die Gerichte, die das nette **Bistro** seinen Kunden serviert. Dazu gehören Suppen, belegte Bagels, Salate, Torten und Kuchen, aber auch frische Säfte, Shakes und guter Kaffee. Und sogar Vierbeiner kommen auf ihre Kosten dank hausgemachter Hundeplätzchen.

Revaler Str. 16 • U Warschauer Straße • 0174/948 20 75 • www. wahrhaftnahrhaft.de • Mo–Fr 9–19, Sa und So 10–19 Uhr

Cupcake Berlin

Sie sind süß, bunt und schmecken unwiderstehlich: Cupcakes sind kleine Mini-Törtchen und einer der leckersten Back-Importe aus den USA. Die Amerikanerin Dawn Nelson brachte sie nach Berlin. Im April 2007 eröffnete sie Berlins erstes Cupcake-Café ganz in der Nähe vom Boxhagener Platz in Friedrichshain.

Auf die Idee brachte sie eine Freundin auf einer gemeinsamen Reise nach Prag. »Sie schlug mir vor, einen Cupcake-Laden aufzumachen, weil ich so gern backe und koche«, sagt Dawn Nelson. Zurück in ihrer Wahlheimat recherchierte sie – und stellte fest, dass es in Deutschland so etwas bis dahin nicht gab.

Zusammen mit ihrem damaligen Freund Daniel Bader, mit dem sie das Café bis heute betreibt, fand sie passende Räume in Friedrichshain. In der Vitrine stehen kleine und größere Küchlein in Geschmacksvariationen wie Sweet Jane mit Vanille und Schokolade, Peppermint Party mit Schokolade und Pfefferminz, Lemon Drop mit Vanille und Zitrone, The King mit Schokolade und Erdnussbutter oder Hot Chocolate. Und das sind nur einige der süßen Kombinationen. »Es könnten noch viel mehr sein, wenn ich nur mehr Platz hätte«, sagt Dawn Nelson.

Die Rezepte stammen aus ihren eigenen Back-Experimenten. Sie basieren auf einer über die Jahre gewachsenen Rezepte-Sammlung aus Kochbüchern und dem Internet. Viele musste sie an die in Deutschland verfügbaren Zutaten anpassen.

Die Liebe zu Cupcakes teilt Dawn Nelson inzwischen mit einem begeisterten Kiezpublikum, einer Mischung aus Studenten, Punks, Bauarbeitern, Müttern, Touristen und älteren Herrschaften. Die MTV Music Awards oder den Filmpark Babelsberg belieferte sie ebenso wie Promis aus ihrer Heimat, die in Berlin zu Gast waren, darunter auch Tom Cruise und Katie Holmes.

 Wellness

Erholung gibt es in Friedrichshain weder in luxuriösen Hotelspas noch in großen Thermen. Stattdessen hat der Bezirk ein paar schnuckelige kleine Kiez-Saunen zu bieten, in denen der Sightseeing-Stress einfach ausgeschwitzt wird. Der Eintritt ist günstig, und auch Massagen gibt es dort zu verträglichen Preisen. Das Erlebnis ist auf jeden Fall authentisch, denn hierhin verirren sich nur wenige Touristen. Stattdessen trifft sich hier eine Mischung aus Jung und Alt, zugezogen und alteingesessen. Auch einige der Hotels und sogar Hostels haben gute Wellnessbereiche zu bieten.

✳ Kaminsauna

Über drei Etagen verteilen sich in rustikalem Ambiente verschiedene **Saunen** wie eine Bio-Sauna, ein römisches Dampfbad oder eine finnische Sauna. Eine Infrarotsauna entschlackt bei Temperaturen zwischen 38 und 43 Grad. Abkühlung findet man auf zwei Außenhöfen und im eiskalten Tauchbecken.

Hübnerstr. 4 • U Frankfurter Tor • 030/42 01 64 76 • www.sauna-berlin.de • Mo–Sa 15–24, So 10–23 Uhr

✳ Kiezsauna

In einem geschmackvoll eingerichteten Kellergeschoss kann man bei hohen Temperaturen die Seele baumeln lassen. Dafür sorgen eine **finnische Sauna**, eine Bio-Sauna mit wechselndem Farblicht und das Dampfbad mit

100 Prozent Luftfeuchtigkeit. Zusätzlich gibt es entspannende Massagen. Montags ist bis 19 Uhr Frauentag.

Graudenzer Str. 19 • U Frankfurter Tor • 030/29 77 40 40 • www.kiezsauna.de • tgl. 12–24 Uhr

✳ Soulfood Massagen

Nachdem Steffen Freitag lange Zeit im Marketing arbeitete, sattelte er um und wurde Masseur. In modernen Räumen kann man sich nach einem langen Tag ausgiebig massieren lassen. Im Angebot sind Ganzkörperbehandlungen, Kopf- und Gesichts- oder **Rückenmassagen**. Termine online oder telefonisch vereinbaren.

Schreinerstr. 61 • U Samariter Straße • www.soulfood-massagelounge.de • Di–Fr 11–20, Sa 12–17 Uhr

ood massagen ○▭

Heute ist Wellness angesagt:
entweder unter Berlinern in
der Kiezsauna oder unter den
massierenden Händen von
Steffen Freitag in den Soulfood Massagen. Genuss ist in
beiden Fällen garantiert!

Ausgehen

Feiern gehen macht in Friedrichshain Spaß. Vom ersten Drink bis zum letzten Absacker finden Nachtschwärmer die passenden Kneipen und Bars. In vielen geht es so gesellig zu wie auf einer guten Party, wo man sich mit lauter guten alten Freunden trifft. Nicht selten wird die nächste Bar zusammen mit neu gewonnenen Bekanntschaften angesteuert. Aber nicht nur die Kneipenszene überzeugt: Auch Strandbars an der Spree, Berlins verrückteste Karaoke-Bar und Europas bester Club sind hier zu Hause. Der Dresscode ist in den meisten Läden leger. Turnschuhe sind eher die Regel als die Ausnahme und meistens kein Grund, aus dem ein Türsteher Gästen den Einlass versagt.

✳ Berghain & Panoramabar

Wer die strengen Türsteher des »Besten Clubs Europas« passiert hat, geht meist nicht vor dem Morgengrauen nach Hause. Selbst dann gibt es oft noch eine Schlange. Abgesehen von rauschenden **Partynächten** mit elektronischer Musik finden in dem beeindruckenden Industrie-Bau auch immer wieder Konzerte und sogar Ballett-Aufführungen statt.

Am Wriezener Bahnhof •
S Ostbahnhof • 030/29 36 02 10 •
www.berghain.de • Fr–Sa 0–12 Uhr

✳ Booze Bar

Auch wenn der Name etwas anderes vermuten lässt: Um primitives Volllaufenlassen geht es hier nicht. Der ver-

sierte Barkeeper versteht sein Handwerk. An seinem **langen Tresen** lernen sich die Gäste schnell kennen. Und ehe man sich's versieht, wird man schon zu einer Partie am Gratis-Kicker aufgefordert.

Boxhagener Str. 105 • U Samariter Straße • www.booze-bar.de •
Mo–Do 18–2, Fr–So ab 19 Uhr

✳ ČSA Bar

Von der tschechischen Fluglinie ČSA übernahm die **Bar** nicht nur die Räumlichkeiten, sondern auch Teile der Einrichtung. Bei indirekter Beleuchtung nippen die Gäste im cremefarbenen Ambiente an ihren ambitioniert zubereiteten Getränken. Ein wahres Evergreen!

Lust auf einen fach-
männisch gemixten
Drink? In der »Booze
Bar« versteht das
Bar-Personal
seinen Job.

Karl-Marx-Allee 96 • U Weberwiese •
030/29 04 47 41 • www.csa-bar.de •
tgl. ab 19 Uhr

✳ Goldfisch

Lange bleibt hier niemand allein. Die
weißen Lederbänke sind derart **kommunikativ im Quadrat** angeordnet, und
der Tresen ist so endlos lang, dass man
zwangsläufig ins Gespräch kommt. Zum
Warmwerden eignet sich ein ganz spe-
zieller Drink: Goldfisch Sour Royal, quasi
ein Daiquiri mit Champagner.

Grünberger Str. 67 • U Frankfurter Tor •
tgl. ab 20 Uhr

✳ Monster Ronson's Ichiban Karaoke

Ohne sich vor einem größeren Publikum
die Blöße geben zu müssen, kann die
Damenrunde ungehemmt die Hits von
Robbie Williams bis Nina Hagen
schmettern. Denn gesungen wird zwischen allerlei Kitsch in zehn privaten
Kabinen, die nach Rockstars benannt
sind. Auf der Bühne treten regelmäßig
durchgeknallte Musik-Acts auf.

Warschauer Str. 34 • U Warschauer
Straße • 030/89 75 13 27 • www.
karaokemonster.de • tgl. ab 19 Uhr

✳ Primitiv Bar

Zwischen **Flohmarktmöbeln**, Garten-
zwergen und anderem Kitsch gibt es
gute Drinks, die allerdings eher »frei
Schnauze« als nach
den Regeln der
hohen Cock-
tailkunst gemixt
werden. Der White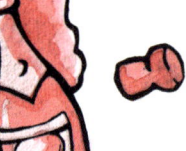
Russian heißt hier
»Illegel Ruski«.
Wenn Frauen mit
Klebeband auf den
Brustwarzen im
Raum stehen, dann ist
Burlesque-Abend.

Simon-Dach-Str. 28 • S/U Warschauer
Straße • tgl. ab 18 Uhr

✳ Rosi's

Nein, auf eine bestimmte Szene und
Musikrichtung will sich dieser Club nicht
festlegen. Hier geht es mal elektronisch,
mal rockig zu. Die große Tanzfläche auf
zwei Ebenen bietet beste Voraussetzungen für eine rauschende **Party-
nacht**. Und wer mal eine Pause

Geht gar nicht

Es gibt zwar positive Ausnah-
men, aber viele Restaurants
und Cocktailbars entlang der
Simon-Dach-Straße sind öde
Touristenfallen, die mit Happy-
Hour-Angeboten locken. Lieber in den Seitenstraßen nach
originelleren Kneipen Aus-
schau halten.

braucht, kann sich in die gemütlichen Sofas in der Lounge plumpsen lassen.

Revaler Str. 29 • S Ostkreuz • www. rosis-berlin.de • Mi–So 23–6 Uhr

✳ Sanatorium

Wer Barhocker als eine unzumutbare Sitzgelegenheit empfindet, fühlt sich auf den **Polsterinseln** dieser Bar sicher gut aufgehoben. Für die Behandlung von Krankheiten wie chronischer Tanzunlust oder Verweigerung der Flüssigkeitsaufnahme sorgen angesagte Techno- und Electro-DJs sowie das hippe Barpersonal.

Frankfurter Allee 23 • U Frankfurter Tor • www.sanatorium23.de • tgl. ab 18 Uhr

✳ Yaam

Reggae-Music schallt aus den Boxen der weitläufigen **Strandbar** am Spreeufer neben der East Side Gallery. Denn die Karibik ist die (geistige) Heimat der Macher und vieler Besucher des Young African Arts Market, kurz YAAM. Auf dem Basketballcourt und der Halfpipe herrscht Dauerbetrieb. Regelmäßig gibt es Partys und Konzerte. Dazu schmecken Cocktails und exotische Snacks.

Stralauer Platz 35 • S Ostbahnhof • 030/615 13 54 • www.yaam.de • tgl. ab 12 Uhr

↑ *Puristisches Design zeichnet das Interieur der »ČSA Bar« an der Karl-Marx-Allee aus.*

✳ Zum schmutzigen Hobby

Wolltet ihr schon immer mal euer Promi-Wissen zum Besten geben? Bei Nina Queers Glamour Quiz kommen Gala- und Bunte-Leserinnen zum Zuge. In ihrer **kitschigen Bar** lädt die Dragqueen immer mittwochs zum Knobeln ein. Unbedingt probieren: den Spezialdrink Rose Kennedy mit Wodka, Soda und einem Schuss Cranberrysaft.

Revalerstr. 99 • S/U Warschauer Straße • www.ninaqueer.com • tgl. ab 18 Uhr

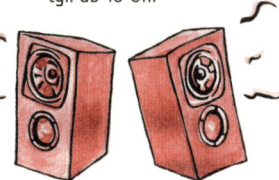

Übernachten

Die zentrale Lage macht Friedrichshain zu einem guten Ausgangspunkt für einen Berlin-Trip. Zudem hat es zwei der besten Hotels der Stadt zu bieten: das für sein Design ausgezeichnete »Michelberger« und das von Karim Rashid eingerichtete »Nhow Hotel«. Beide wurden mit Liebe zum Detail gestaltet und sind tolle Alternativen zu den gesichtslosen großen Ketten. Darüber hinaus hat der Bezirk ein Herz für Besucher mit kleinem Budget. Ob im (n)ostalgischen Plattenbau mit DDR-Charme oder auf einem wohnlich umgebauten Kahn auf der Spree, mit langweiligen Jugendherbergen haben diese Unterkünfte nichts zu tun. Sie sind oft auch ein guter Ort, um andere internationale *travellers* kennenzulernen und neue Freundschaften zu schließen.

✳ Almodóvar Biohotel

Nachhaltigkeit wird in dem modernen Hotel großgeschrieben. Das beginnt beim vegetarischen Restaurant und endet bei den Zimmern. Sie sind mit natürlichen Materialien eingerichtet, und Yogamatten sind auch vorhanden. Nach einem anstrengenden Tag bietet die Sauna über den Dächern Berlins Entspannung.

Boxhagener Str. 83 • S Ostkreuz • www.almodovarhotel.de

✳ Eastern Comfort Hostel Boat

Wolltest du schon immer mal auf einem Schiff übernachten? In den **kuscheligen Kabinen** der »Eastern Komfort« ist das

möglich. Hier werden die Gäste vom Plätschern der Spree in den Schlaf gewiegt. An Deck versorgt sie das Restaurant mit Drinks und Leckereien. Für ein schmaleres Budget bietet das Schwesternschiff »Western Comfort« Zimmer mit Gemeinschaftsbad an.

Mühlenstr. 73 • S/U Warschauer Straße • www.eastern-comfort.com

✳ Innside Berlin

Außen alt, innen modern ist die Devise dieses Hotels. Im historischen **Backsteinbau** überrascht die Gäste ein modernes Interieur. In den Zimmern hängt zeitgenössische Kunst. Bei gutem Wet-

Eine geschmackvolle Unterkunft ist keine Frage des Preises: Das »Eastern Comfort Hostelboat« findet ebenso viele Fans wie das »Almodovar Biohotel«, in dem bei einigen Räumen die Sauna zur Zimmerausstattung gehört.

ter wird auf der Terrasse gefrühstückt. Sauna, Solarium und Fitnessraum laden zum Entspannen ein.

Lange Str. 31 • S Ostbahnhof •
030/29 30 30 • www.innside.com

✳ Junckers Hotel Garni

Das sympathische **Drei-Sterne-Hotel** ist weder besonders hip, noch verfolgt es ein originelles Konzept. Dafür sind die Zimmer modern und funktional eingerichtet, das Frühstück solide, jeder wird satt. Außerdem gibt es vier voll ausgestattete Appartements in unterschiedlichen Größen.

↓   Schlafen wie ein König: Das verspricht eine Übernachtung im Hotel »Michelberger«, eingekuschelt in goldglänzende Laken und Bezüge.

Grünberger Str. 21 • U Frankfurter Tor •
030/2 93 35 50 • www.junckershotel.de

✳ Michelberger

Schon die Lobby des Budget-Hotels hat **Wohnzimmer-Charakter**. Unter überdimensionalen Lampenschirmen lümmeln sich die Gäste auf gemütlichen Sofas. Hell und wohnlich sind auch die 118 Zimmer. In den geräumigeren befinden sich die Kingsizebetten auf eingezogenen Hochebenen. Im Hof finden häufig Events wie Hochzeiten und Konferenzen statt.

Warschauer Str. 39/40 • U/S Warschauer Straße • 030/29 77 85 90 •
www.michelbergerhotel.com

✳ New Berlin

Eine gute Adresse ist dieses Hotel an der Grenze zu Prenzlauer Berg. **Funktional** eingerichtete Zimmer bieten nach einem anstrengenden Tag Entspannung. Der Wellnessbereich mit Ruhezone auf der Dachterrasse ist zwar klein, aber ein Hort der Erholung.

Petersburgerstr. 24 • Tram Straßmannstraße, S Landsberger Allee/Petersburgerstraße • 030/4 20 25 60 •
www.hotel-new-berlin.de

✳ Nhow

Die Farbgebung erinnert ans Barbie-Haus. Doch statt um Puppen dreht sich in Europas erstem **Musik-Hotel** alles um Mucke. Der Concierge liefert auf Wunsch Instrumente aufs Zimmer. Die Chancen, beim Frühstück eine mehr oder minder bekannte Band zu treffen, stehen gut. Denn das Hotel hat auch zwei Aufnahmestudios.

Stralauer Allee 3 • S/U Warschauer Straße • 030/2 90 29 90 • www.nhow-hotels.com/berlin/

✳ Ostel

Wild gemusterte Tapeten und orange-farbene Sessel lassen in einem Original-Plattenbau den **Charme der Republik** aufleben. Neben günstigen Ein- oder Zweibettzimmern ist auch eine Ferien-wohnung für bis zu vier Personen zu haben. Im Garten ist Platz für Beachvol-leyball oder eine Partie Tischtennis.

Wriezener Karree 5 • S Ostbahnhof • 030/25 76 86 60 • www.ostel.eu

✳ Plus Berlin

Mit einer Jugendherberge hat dieses **Hostel** nun wirklich nichts gemein. Schwimmbad, Gym und Sauna machen den Aufenthalt zu einem Luxus-Trip unter vorwiegend jungen Menschen. Der Girls Plus-Bereich ist speziell auf die Bedürfnisse weiblicher Gäste aus-gelegt – mit großen Spiegeln, Haar-trocknern und weichen Handtüchern.

Warschauer Platz 6–8 • S Ostbahnhof • 030/21 23 85 01 • www.plushostels.com

↑   *Das »Ostel Hotel Berlin« heißt seine Gäste im authentischen DDR-Stil willkommen – Original ostdeutsche Einrichtungsgegenstände und Möbel in-begriffen: Honecker lässt grüßen.*

✳ Upstalboom Friedrichshain

Eigentlich stehen die Hotels dieser Kette an der Nord- und Ostsee. Und so wirkt auch die Hauptstadt-Dependance mit ihrem gediegenen, aber nicht langweiligen Flair ein bisschen **mari-tim**. Ein Fitnessbereich mit Sauna lädt nach dem Sight-seeing zum Entspannen ein. Von der Dachter-rasse aus hat man einen tollen Blick über die Stadt.

Kopernikusstr. 36 • U Frankfurter Tor/ Warschauer Straße • 030/29 37 50 • www.upstalsboom.de

Der Norden

Früher lebten hier die Künstler und Unangepassten, inzwischen ist das Viertel richtig chic geworden. Man merkt es an den Mieten ...

Knapp 100 Jahre ist der Stadtteil Prenzlauer Berg alt und hat besonders in den letzten Jahrzehnten einen rasanten Wandel erlebt. Weitestgehend von den Zerstörungen des Zweiten Weltkriegs verschont, wurde das Gebiet zu DDR-Zeiten stark vernachlässigt, und es wurden ausschließlich die großen Chausseen Schönhauser Allee, Prenzlauer Allee und Greifswalder Straße herausgeputzt. Die Wohnareale dazwischen verfielen genau wie die gewerblichen Gebäude, darunter einige Brauereien und Fabriken.

Heute gehört der Prenzlauer Berg zu den stark gentrifizierten Gegenden Deutschlands. Die Häuser sind nahezu vollständig saniert. Die schicken Altbauwohnungen und Penthouses mit Blick auf den Fernsehturm haben die Mietpreise deftig in die Höhe getrieben. Dass sich der Stadtteil so entwickeln konnte und es von internationalen Restaurants, Bars, Boutiquen und jungen Familien nur so wimmelt, hat natürlich mit einem historischen Ereignis zu tun: dem Fall der Mauer. In kaum einem Stadtteil Berlins ist die Geschichte so präsent. Das hat unter anderem damit zu tun, dass die Wende auch vom Prenzlauer Berg ausging. Schon immer hatten hier Künstler gewohnt, in den 1970er- und 1980er-Jahren wurde der Stadtteil schließlich zu einem Zentrum der DDR-Opposition.

Die sogenannte Umwelt-Bibliothek und andere Gruppen organisierten im Herbst 1989 friedliche Demonstrationen gegen die Wahlfälschungen der Regierung und eine Mahnwache in der Gethsemanekirche, die auch politischen Gegnern des Regimes offen stand. Auch als am 9. November 1989 die Mauer fiel, war es die Bevölkerung des Prenzlauer Bergs, die mit ihrer beharrlichen Präsenz und ihren eindringlichen Rufen vor dem Grenzübergang an der Bornholmer Straße die Posten dazu brachte, die Pforten zum Weststadtteil Wedding – und damit in die Freiheit – endlich zu öffnen.

Kohlenquelle

Berliner
Unterwelten

Ramler

The Bird

Schall und
Rauch

Mauerpark

Kopenhagener

Korsörer Str.

Gleim

Falkplatz

Gaudy

Gleimstraße

Rügener Straße

Ballhaus Ost

Voltastraße

Dr. Pong

Volta

Linnen

Demminer Str.

Eberswalder Straße

Prater

Konnopke

Vinetaplatz

Bonanza Coffee
Roasters

Schwarzsauer

Kauf dich
glücklich

Eisdieler

Kult

Kremmener

Thatchers

Mr. & Mrs.
Peppers

Bernauer Straße

Marthas-
hof

Recycling
Deluxe

Above & Dost

Frannz

Arkona-
platz

Fürsten-
berger Str.

Temporary
Showroom

Jüdise
Fried

Betty Beauty

Abury

Zionskirch-
platz

Kiwikshop

Luc

Der Hahn ist tot

Kastanienhof

Meininger

Lotus Thaimassage

Senefe
platz

Gedenkstätte
Berliner Mauer

Schlafen im
Spätkauf

Senefel

Olivin Wellness
Lounge

Nordbahnhof

Yes Residenz

Pfefferberg

Fleischerei

Rosenthaler
Platz

White Trash
Fast Food

Rosenthaler
Platz

Elisabeth-
Schwarzhaupt
Platz

Koppen-
platz

Rosa-
Luxemburg-
Platz

Torstraße

Rosa
Luxemburg
Platz

Oranienburger
Tor

Wein-
meister-
straße

Kultur

Jüdisches Leben, die deutsch-deutsche Teilung und tanzen, bis die Füße brennen: In Prenzlauer Berg ist nach dem Mauerfall die kulturelle Vielfalt ausgebrochen. Da reicht der Platz über der Erde scheinbar nicht immer aus – und so lassen sich hier sogar die Berliner Unterwelten besichtigen. Da erzählen Fluchttunnel und Bunkeranlagen die Geschichten zu Ende, die oben an der Gedenkstätte Mauer und dem Prenzlauer Berg Museum begonnen werden. Für leichtere Kost sorgen die Hörspiele unter dem Sternenhimmel des Planetariums, die Clubs am Pfefferberg oder das Kino in den hübschen Ziegelbauten der Kulturbrauerei.

✳ Ballhaus Ost

Künstler aus bildender Kunst, Tanz, Schauspiel, Wissenschaft, Theater, Bühnenbild und Musik bilden die **kreative Kraft** im Ballhaus Ost. Nach demokratischen Grundprinzipien werden inhaltliche Entscheidungen gefällt. Die dargebotenen Stücke sind zumeist experimentell – wenn zum Beispiel *E.T.* auf die Bühne gebracht wird.

Pappelallee 15 • U Eberswalder Straße • 030/44 04 92 50 • www.ballhausost.de

Don't miss

Augen offen halten nach den »Stolpersteinen« im Straßenpflaster. In den Boden gemauerte Messingplatten mit Namen und Geburtsjahren erinnern u.a. rund um den Kollwitzplatz an die Opfer des Nationalsozialismus vor deren einstigen Wohnhäusern. Die Idee stammt vom Berliner Künstler Gunter Demnig.

✳ Berliner Unterwelten-Museum

Den **Untergrund** der Stadt öffnet der Berliner Unterwelten e.V. einer breiten Öffentlichkeit. Auf vier unterirdischen Etagen erstreckt sich das denkmalgeschützte Museum des Vereins. Es informiert u.a. über den zivilen Luftschutz im Zweiten Weltkrieg unter Tage, Fluchttunnel zwischen Ost und West sowie moderne Archäologie.

An der Gedenkstätte Berliner Mauer markieren rote Stahlstäbe ihren Verlauf.

Brunnenstr. 105 • U Gesundbrunnen •
030/49 91 05 17 • berliner-unter
welten.de • Mo–So 10–16 Uhr •
Tour: ab 10 €

✳ Gedenkstätte Berliner Mauer

Die Bernauer Straße hat zur Mauerzeit
viele Fluchtschicksale erlebt. Menschen
stürzten sich aus den Fenstern der
grenznahen Häuser, um in den Westen
zu gelangen. Sogar Volkspolizisten der
DDR legten einen illegalen Sprint in
Richtung freie Welt ein. **80 Meter
Grenzland** und Todesstreifen erinnern
an die Teilung der Stadt.

....

↓ *Verschiedene Events wie
Hörspielabende machen das
Zeiss Großplanetarium zu einer
spannenden Location.*

Bernauer Str. 111 • U Bernauer Straße •
030/467 98 66 66 • www.berliner-
mauer-gedenkstaette.de •
Di–So 9.30–19 (Apr.–Okt.), Di–So
9.30–18 Uhr (Nov.–März) • Eintritt frei

✳ Hörspielkino im Zeiss Großplanetarium

In einer geradezu kongenialen Zusam-
menarbeit haben das Planetarium und
Radio Eins das Hör-
spielkino ausgeheckt.
Unter dem runden
Sternenhimmel des
Hauses werden an be-
stimmten Terminen Krimis von Sherlock
Holmes, Stücke von Dürrenmatt oder
sogar die Ermordung des US-Präsiden-
ten John F. Kennedy aufgearbeitet.

....

Prenzlauer Allee 80 • S/U Prenzlauer
Allee • 030/42 18 4 50 • www.sdtb.de

✳ Kulturbrauerei

Früher Brauerei, heute Kultur: Die Kulturbrauerei vereint auf einem schönen
25 000 Quadratmeter großen **Back-
stein-Areal** ein anspruchsvolles Pre-
mierenkino, Clubs, mehrere Theater,
eine Literaturwerkstatt, Verlage, ein
Restaurant und die Sammlung *Indus-
trielle Gestaltung* zu Design und Alltagskultur aus der DDR.

....

Schönhauser Allee 36 • U Eberswalder
Straße • 030/44 35 26 14 •
kulturbrauerei.de

✳ Pfefferberg

In alten Industriebauten hat sich nach dem Fall der Mauer ein **soziokulturelles Zentrum** mit Galerien, Ateliers, Clubs, Theater, Brauerei, Biergarten, Restaurant und einem Hostel etabliert. In diesem kreativen Ballungsgebiet wimmelt es nur so von Ausstellungen, Konzerten, Aufführungen und ausgelassenen Partyabenden.

Schönhauser Allee 176 •
U Senefelderplatz • 030/67 30 55 04 •
www.pfefferberg.de

↑   *Als längste Leinwand der Welt wird die Berliner Mauer genutzt. Künstler wie Thierry Noir und Keith Haring waren hier schon Anfang der 1980er-Jahre aktiv.*

✳ Prenzlauer Berg Museum

Zum Museum gehört zum einen die regionalgeschichtliche Sammlung *Prenzlauer Berg*, zum anderen dokumentiert es den raschen **Wandel** der Gegend. Die Dauerausstellung *Gegenentwürfe – Der Prenzlauer Berg vor, während und nach dem Mauerfall* zeichnet ein detailliertes Bild des berühmten Bezirks.

Prenzlauer Allee 227 •
U Senefelderplatz •
030/902 95 39 17 •
www.berlin.de • Mo–Fr 9–19 Uhr •
Eintritt frei

✳ Synagoge Rykestraße

Von der Rykestraße aus blickt man durch zwei breite Tordurchfahrten auf den roten Backsteinbau im Stil einer neoromanischen Basilika. Mit ihren 2000 Sitzplätzen gilt die in der Pogrom-nacht 1938 zerstörte und später restaurierte **Synagoge** neben der großen Synagoge in Budapest als größte in Europa.

Rykestr. 53 • U Senefelderplatz • 030 442 59 31 • www.synagoge-rykestrasse.de • Mo–Do 9–18, Fr 9–15 Uhr

✳ Stiftung Kunstforum

Die Stiftung der Volksbank zeigt in ihrer runden Halle etwa drei bis vier **Kunstausstellungen** pro Jahr. Sie werden von einem Programm mit Workshops und Führungen begleitet. Auch für Kinder und Jugendliche gibt es ein breites Programm. Bemerkenswert ist die eigene Sammlung der Stiftung.

von »Tanz der Vampire« bis »Les Misérables« aufgeführt. Seit etwa zehn Jahren betreibt die Stage Entertainment Group das Haus, das 1898 als Privattheater von dem Architekten Bernhard Sehring gebaut wurde.

Kantstr. 12 • U/S Zoologischer Garten • 030/31 90 30 • www.stage-entertainment.de

↑   Berlin mit dem Fahrrad erkunden: möglich beispielsweise auf verschiedenen Touren, die von den Alternativen Städtetouren angeboten werden.

Budapester Str. 35 • U Wittenbergplatz • 030/30 63 17 44 • www.berliner-volksbank.de • Eintritt: 5 €

✳ Theater des Westens

Auf der Bühne von Berlins ältestem **Musical-Theater** werden Produktionen

✳ Zoopalast

Nach langer Renovierungsphase ist das **kultige Kudammkino** mit sieben Sälen wieder offen und lockt mit den aktuellen Blockbustern. In den Armlehnen ist Platz für den Sektkühler, in den Logen werden die Gäste sogar am Platz bedient. Kein Wunder, dass auch Filmpremieren und Berlinale-Aufführungen hier stattfinden.

Hardenbergstr. 29a • U/S Zoologischer Garten • 018 05 22 29 66

Alternative Stadttouren

Immer nur den Blick nach rechts oder links aus dem Fenster richten und während der Fahrt über ein schlecht funktionierendes Mikro mit Daten, Fakten, Namen und Geschichten zugedröhnt zu werden – das kann anstrengend sein. Und mitunter sogar langweilig. Der einfallsreiche Prenzlauer Berg hat da Alternativen zu bieten. Eat the World (www.eat-the-world.com) bietet eine kulinarische Kieztour an, die Leckereien und Wissenswertes miteinander verbindet. Auf Stippvisite in einem Restaurant, einer Patisserie im Retro-Stil, verschiedenen Cafés, Imbissen und einem Burgerladen können die Teilnehmer Häppchen der jeweiligen Lokale kosten. Nebenbei erfahren sie Interessantes über Sehenswürdigkeiten, Geschichte, Architektur und erhalten weitere Restaurantempfehlungen.

Auch Music Tours Berlin (musictours-berlin.de) bieten einen Spaziergang in Prenzlauer Berg an. Vom Kesselhaus auf dem Gelände der Kulturbrauerei (S. 150) geht es über die Kastanienallee und die Schönhauser Allee schließlich zum Ramones Museum (www.ramonesmuseum.com) nach Mitte. Unterwegs erfahren die Teilnehmer, wo die Beatsteaks ihr erstes Demoband zusammengeschustert haben, die Entstehungsgeschichte der Band Rammstein oder wo Nina Hagen einmal gewohnt hat.

Wer die Füße lieber fürs Tanzen schont, fährt einfach mit dem Fahrrad durch den Kiez. Berlin on Bike (www.berlinonbike.de) startet ebenfalls auf dem Gelände der Kulturbrauerei und radelt von hier verschiedene Touren ab. Die Mauer-Radtour verfolgt den Verlauf des »Antifaschistischen Schutzwalls« vom Ort des Mauerfalls an der Bornholmer Straße über die Gedenkstätte an der Bernauer Straße, das Regierungsviertel bis hin zu diversen Grenzübergängen. Street Art Berlin führt zu den Straßenkunstwerken der Stadt, die Oasen-Tour zu den grünen und kreativen Freiräumen Berlins.

Shopping

Einfach einen Shop eröffnen, ein paar Klamotten reinhängen und darauf hoffen, dass Leute sie kaufen? So funktionieren die Läden am Prenzlauer Berg nur in den seltensten Fällen. Hier hat Shopping Konzept. In die Concept Stores kommen nur eine Handvoll exklusiv ausgewählter Labels, andere Läden sind gleichzeitig Café und verkaufen direkt die Einrichtung, auf der man bei Kaffee und Kuchen sitzt, mit dazu. Anders als in jenen Gegenden, wo Geiz geil ist, freut man sich in diesem Kiez über eine faire, soziale und umweltverträgliche Herstellung. Recycling, Fair Trade und Handwerk sind hier die Schlagworte, bei denen sich das Portemonnaie wie von allein öffnet.

✳ Above

Die Labels, die es hier in die Auslage geschafft haben, sind durch einen der härtesten Coolness-TÜVs Deutschlands gegangen. Die Inhaber Mike und Micha lassen sich auf Modemessen in Berlin und London inspirieren und vertreiben **Streetwear** von Nike, Cleptomanicx, Stüssy, Carhartt oder Just Female.

....

Kastanienallee 87 • U Eberswalder Straße • 030/40 50 03 66 • www.above-berlin.de • Mo–Fr 12–20, Sa 11–19 Uhr

✳ Abury

Jahrhundertealtes **Kunsthandwerk** trifft auf modernes Design: Abury hat von Hand gefertigte Taschen, Geldbeutel sowie Hüllen für iPhone oder iPad in seiner Kollektion. Der Erlös fließt in die Abury Foundation, die Frauen in Marokko beim Erlernen traditioneller Handwerksberufe unterstützt.

....

Kastanienallee 42 • U Eberswalder Straße • 030/21 80 28 08 • www.abury.net • Mo–Sa 11–20 Uhr

✳ Eisdieler

Als Stefan Dietzelt und Martin Ruffert Anfang der 1990er-Jahre mit ihrem Modestudium fertig waren, vertrieben sie im Atelier gefertigte **Einzelstücke**. Inzwischen gibt es hier die drei Eigenmarken Bowler, Director's Cut und Distinct sowie Schuhe und Accessoires von Onitsuka Tiger, Palladium, Veja, Piola, Schmoove und Hummel.

....

**TEMPORARY
SHOWROOM**

WE ARE OPEN

*Keine Angst, der
Temporary Show-
room ist morgen auch
noch da. Hier gibt
es dauerhaft Mode
angesagter Marken.*

Kastanienallee 12 • U Eberswalder
Straße • 030/28 39 12 91 •
www.eisdieler.de • Mo–Fr 12–20,
Sa 11–19 Uhr

✳ Garments

Kein Kleiderschrank kann genug **Vintage-Mode** in sich tragen. Die besten
Fundstücke an Secondhandmode der
Stadt hat »Garments«. Alle Teile stammen von Filmdrehs oder von Fotoshootings. Was man hier kauft, stand also
gegebenenfalls schon beim Tatort oder
beim Fashion Shooting vor der Kamera.

Stargarder Str. 12 • S/U Schönhauser
Allee • 030/74 77 99 19 •
www.garments-vintage.de •
Mo–Sa 12–19 Uhr

✳ Jacks Beautydepartment

Stylistin Miriam Jacks eröffnete mit dem
Beautydepartment einen feinen Make-up-Laden mit einem ausgewählten
Angebot an **internationalen Beautylabels**, wie es sie bisher nur in London
und New York gab. Haar- und Make-up-

Profis beraten hier auf höchstem Niveau
und brezeln bei Bedarf auch direkt vor
Ort für besondere Abende auf.

Sredzkistr. 54 • U Eberswalder
Straße • 030/442 69 06 •
www.jacks-beautydepartment.com •
Mo–Fr 11–20, Sa 11–18 Uhr

✳ Kauf dich glücklich

Kaufentscheidung bei Kaffee: In
diesem Café kann **alles gekauft**
werden – von den Sofas, auf
denen die Gäste sitzen, bis
hin zum Geschirr, von
dem gegessen wird.
Die leckeren Waffeln
sind ein echter Publikumsmagnet. Ein
Päckchen mit den Zutaten und das »Geheimrezept« stehen konsequenterweise
ebenfalls zum Verkauf.

Oderberger Str. 44 • U Eberswalder
Straße • 030/48 62 32 92 •
www.kaufdichgluecklich-shop.de •
Mo–Sa 10–20 Uhr

✳ Kwik Shop

Der Kwik Shop ist gewachsen – von
einem kleinen Verkaufskiosk zu einem
richtigen Laden. Das Sortiment ist bunt
und lustig wie eh und je. **Nützliche Dinge** wie Gummistiefel, Hauspantoffeln
und Einkaufsnetze werden neben Skateboards, Filzdackeln und Medizinbällen an
den Mann und an die Frau gebracht.

Kastanienallee 44 • U Eberswalder
Straße • 030/41 99 71 50 •
www.kwikshop.de • Mo–Sa 11–19 Uhr

Kastanienallee 22 • U Eberswalder
Straße • 0163/739 29 41 • www.upcyc
ling-deluxe.com • Mo–Sa 11–20 Uhr

✳ Mr. & Mrs. Peppers

1967 veröffentlichten die
Beatles ihr achtes Stu-
dioalbum *Sgt. Pepper's Lo-
nely Hearts Club Band*. Auf
die Mode dieser Zeit hat
sich Mr. & Mrs. Peppers
spezialisiert. Hinter den
Sixties-Entwürfen steckt
Designer Renē Eger, der die
erschwinglichen Teile in seinem Atelier kreiert und
selbst schneidert.

··
Kastanienallee 91/92 • U Eberswalder
Straße • 030/448 11 21 • www.sgt-
peppers-berlin.de • Mo–Sa 11–20 Uhr

✳ Recycling Deluxe

Die Müllberge wachsen, Recycling Deluxe arbeitet daran, sie abzubauen. Das
Motto des Ladens: **Einfälle statt Ab-
fälle** – da werden aus ausgedienten Öl-
fässern Schränke, Kaffeesäcke mutieren
zu Mützen und Kronkorken erhalten ein
zweites Leben als Ohrringe. Die Teile
sind allesamt Unikate und dazu zu fai-
ren Bedingungen produziert.

··

*Tolle Vintage-Mode aus Shootings
und Filmproduktionen gibt es
bei Garments.* →

✳ Supalife Kiosk

Die Plattform für junge und **urbane
Kunstformen** und Projekte bringt
visuell arbeitende Kreative
verschiedener Bereiche zusammen. Die Werke von Gra-
fikern, Illustratoren und Urban Artists
werden im Sechs-Wochen-Rhythmus
ausgestellt. Der Schwerpunkt der Arbeiten liegt auf Sieb- und Kunstdruck
sowie Plakaten.

··
Raumerstr. 40 • U Eberswalder Straße •
030/44 67 88 26 • http://supalife.de •
Mo–Sa 11.30–19.30 Uhr

↑   Auf den Flohmärkten lässt es sich nach Herzenslust wühlen – und es lohnt: Das ein oder andere Schätzchen ist ganz bestimmt dabei.

✳ Temporary Showroom

Der Name deutet an, dass es sich hier um ein vorübergehendes Einkaufsvergnügen handelt, tatsächlich ist der Temporary Showroom ein ziemlich dau-erhafter Standort einer Agentur, eines Showrooms und eines Ladens. Die angebotenen Labels wie Stine Goya oder Sandqvist haben einen **avantgardistischen Einschlag**.

Kastanienallee 36a • U Eberswalder Straße • 030/62 20 45 64 • www.temporaryshowroom.com • Mo–Sa 11–19 Uhr

✳ Thatchers

Thatchers hat den Mix aus klassischer Mode und **Mut zum Experiment** perfektioniert, dabei sind die Kreationen von Ralf Hensellek und Thomas Mrozek oft sexy, aber niemals vulgär. Obwohl das Duo vollkommen in der Gegenwart verankert ist, lässt es sich schon mal von der Eleganz der Renaissance inspirieren.

Kastanienallee 21 • U Eberswalder Straße • 030/24 62 77 51 • www.thatchers.de • Mo–Fr 11–19, Sa 11–18 Uhr

Don't miss

Schnuppern im Bio-Markt. Die Bewohner von Prenzlauer Berg lieben es ökologisch. Im größten Bio-Markt Europas, LPG in der Kollwitzstraße 17, treffen sich Yogalehrer, Schriftsteller, Mütter und Szenekids zum nachhaltigen Einkauf auf 1600 Quadratmetern.

Flohmarkt am Mauerpark

Sonntags hört man den Mauerpark schon von Weitem. Dann klingt er wie Michael Jackson oder Marlene Dietrich, wie die Rolling Stones oder Frank Sinatra. Immer gegen drei Uhr fährt Joe Hatchiban mit seinem Fahrrad zum Amphitheater im Park, baut seine Anlage auf, und es startet die wahrscheinlich größte Freiluft-Karaoke mit dem wahrscheinlich besten Publikum unseres Planeten. Stehen hier heute auch viele Touristen um die mutigen Sänger herum, waren es ursprünglich die Besucher einer ganz anderen Attraktion: die vom Flohmarkt am Mauerpark (Bernauer Str. 63).

Jeden Sonntag zwischen 8 und 18 Uhr bauen auf einem Schottergelände neben dem Grünstreifen die fliegenden Händler ihre Tische auf, und dann wird verscherbelt, was nicht bei drei auf den Bäumen ist. Neben modeverrückten Hipstern sind auch Profis vor Ort. Möbelhändler, die dem Drang der Kiezbewohner zum Retro-Interieur immer neues Futter bieten oder Verkäufer alter Fahrräder – bei deren Beschaffung hoffentlich alles mit rechten Dingen zuging. Das sonntägliche Publikum stöbert durch Getragenes und Abgelegtes, Liebgehabtes und Selbstgenähtes.

Nebenan auf der Wiese, wo früher einmal der Todesstreifen zwischen Ost und West verlief, liegen Grüppchen auf ihren Decken und geben Musiker kleine Konzerte. Besucher wundern sich, dass dem kümmerlich bewachsenen Gelände der Name »Park« verliehen wurde. Der russische Schriftsteller und Anwohner Wladimir Kaminer fand dafür die passende Erklärung: »Der Mauerpark ist eine typische Berliner Sehenswürdigkeit. Hier gibt es weder eine Mauer noch einen Park.« Jeden ersten Sonntag pendelt der »Feuerwehr Shuttle« zwischen Mauerflohmarkt und Makers Market (www.makersmarket.de) in der Schwedter Straße 262 auf dem Gelände einer ehemaligen Tankstelle. Dort werden die kreativen Ideen junger Designer verkauft.

Restaurants & Cafés

»Weißt du, wo Konnopke ist?«, lautet eine der gängigen Fragen an Ortskundige auf der Schönhauser Allee. Dabei ist die unter den Bahngleisen an der U-Bahn-Station Eberswalder Straße gelegene Currywurstbude doch schon an ihrer stets langen Warteschlange bestens erkennbar. Aber natürlich hat Prenzlauer Berg kulinarisch noch mehr auf der Pfanne als eine über die Stadtgrenzen hinaus berühmt gewordene Bratwurst. Das gesundheitsbewusste Publikum des Stadtteils finanziert sowohl eines der besten veganen Restaurants der Stadt als auch viele hervorragende asiatische Lokale mit seinen regelmäßigen Besuchen.

✳ Bonanza Coffee Roasters

Die beiden Inhaber sind Perfektionisten, und so erklärt es sich, dass der **Kaffee** von Yuni Choi und Kiduk Reus zum begehrtesten der Gegend gehört. Die Kombination aus Maschine, Kaffeesorte und Zubereitung ist derart ausgefeilt, dass am Ende höchster Genuss zu manchmal geradezu absurd langen Warteschlangen führt.

....

Oderberger Str. 35 • U Eberswalder Straße • 0171/563 07 95 • www.bonanzacoffee.de • Mo–Fr 8.30–19, Sa–So 10–19 Uhr

✳ Der Hahn ist tot

Ein brachialer Name für ein Restaurant, dabei geht er harmloserweise auf einen fünfstimmigen Kanon zurück. Das Lied stammt ursprünglich aus Frankreich und auch die **ländliche Küche** des Restaurants orientiert sich an der französischen Kultur. Die wöchentlich wechselnden 4-Gänge-Menüs kosten 19 Euro.

....

Zionskirchstr. 40 • Tram Zionskirchplatz • 030/65 70 67 56 • www.der-hahn-ist-tot.de • Di–So ab 19 Uhr

✳ Fleischerei

Die weißen Fliesen an der Wand lassen erahnen, dass hier tatsächlich einmal eine Fleischerei gewesen sein muss. Heute wandert noch immer **Fleisch** in den Verkauf – aller-

dings in zubereiteter Form, zum Beispiel als Steirischer Wurstsalat, Rindertatar, Blutwurst, Schnitzel oder Steak.

Schönhauser Allee 8 · U Rosa-Luxemburg-Platz · 030/50 18 21 17 ·
www.fleischerei-berlin.com · Mo–So
ab 18 Uhr

✳ Konnopke

Die wahrscheinlich beste und **berühmteste Currywurst** der Stadt wird unter
den U-Bahnschienen an der Station
Eberswalder Straße verkauft. Das neu
renovierte goldene Büdchen wird in der
Regel von einer langen Menschen-
schlange gesäumt. Für Gäste von außerhalb oft befremdlich: Hier gibt's die
Wurst im Original, ohne Darm.

Schönhauser Allee 44b · U Eberswalder Straße · 030/442 77 65 ·
www.konnopke-imbiss.de · Mo–Fr
9–20, Sa 11.30–20 Uhr

✳ La Soupe Populaire

Die ehemalige Bötzow-Brauerei wurde
bei der Renovierung nicht etwa glatt
gebügelt, sondern ist nach wie vor
echte **Industriekulisse**. Auf zwei Ebenen, die schlicht und schön möbliert

sind, werden die Kreationen von Tim
Raue serviert. Während er in seinem
Kreuzberger 2-Sterne-Restaurant auf
Asiatisches setzt, volkstümelt er hier
mit deftigen Königsberger Klopsen und
Kartoffelpüree.

Prenzlauer Allee 242 · U Senefelder
Platz · 030/44 31 96 80 ·
www.lasoupepopulaire.de · Do–Sa
12–24 Uhr

✳ Lucky Leek

Eine Reservierung ist in dem kleinen
Restaurant im Souterrain inzwischen
Pflicht. Es hat sich herumgesprochen,
dass Josita »Jojo« Hartanto aus ausschließlich pflanzlichen Produkten Gerichte zaubert, bei denen selbst
eingefleischte Fleischliebhaber mit der
Zunge schnalzen. So macht **»vegan«**
eine Mordsgaudi – natürlich ohne Blut-
vergießen!

*Bei »Konnopke« unter den U-Bahn-
schienen gibt es die berühmteste
Currywurst der Stadt.* →

Kollwitzstr. 54 • U Senefelder Platz •
030/66 40 87 10 • www.lucky-leek.de •
Mi–So 18–23 Uhr

✳ Pasternak

Nicht koscher, aber jüdisch: Das Interieur vom »Pasternak« ist einer typischen Moskauer Wohnung, wie sie vor
100 Jahren ausgesehen hat, nachemp-
funden. An Holzmöbeln mit Häkeldeck-
chen werden dazu **russische und
jüdische Spezialitäten** wie Blinis oder
Quarkpfannkuchen aufgetischt.

Knaackstr. 22–24 • U Senefelderplatz •
030/441 33 99 • www.restaurant-
pasternak.de • Mo–So 9–1 Uhr

✳ Prater

Zu Ostzeiten stand hier Manfred Krug
auf der Freiluftbühne. Heute wird das
Gelände ausschließlich für *Dolce Vita*
nach Berliner Geschmack genutzt. Im

↑   *Curry ist Kult! Die Wurst gibt es
an einigen Ständen inzwischen sogar
für Vegetarier.*

Sommer sitzt man unter bunten Glüh-
birnen in den Baumkronen im **Biergarten**, bei schlechtem Wetter in der
Pratergaststätte und frönt der gut gemachten Hausmannskost.

Kastanienallee 7–9 • U Eberswalder
Straße • 030/448 56 88 •
www.pratergarten.de • Mo–Sa ab 18,
So ab 12, Biergarten von Apr.–Sept.
ab 12 Uhr

✳ Roberta kocht

Roberta kocht, und das kann sie gut.
Obwohl »Roberta« eigentlich Petra Ko-
walenko heißt und die Betreiberin des
netten Restaurants ist. Geboten wird
täglich wechselnde **»feine Hausfrauen-**

Don't miss

Frühstück in der Hollywood-
schaukel. Der frühe Vogel
fängt den Platz. Bei schönem
Wetter das Rührei vor sich
auf dem Tisch, in der Holly-
woodschaukel über den
Bordstein der Cafés in der
Kastanienallee oder Oderberger Straße zu gleiten – das ist
Glück pur.

Keine Eile beim Frühstück: Viele Berliner Cafés servieren es bis in den späten Nachmittag.

küche« beziehungsweise Klassiker der süddeutschen Küche. Flädlesuppe und Käsespätzle gibt es aber immer.

Zionskirchstr. 5 • Tram Zionskirchplatz • 0157/73 34 60 20 • www.robertakocht.de • Mo–So 6.30 bis 10.30 Uhr

✳ Si An

Die **vietnamesische Küche** hat sich in den letzten Jahren wie ein Lauffeuer in der Stadt verbreitet. Die Reis- und Nudelgerichte mit frischen asiatischen Kräutern und köstlichen Saucen sind aber auch zum Niederknien! Trotzdem:

↓ *Das Restaurant »Zum dritten Mann« ist für sein Wiener Schnitzel berühmt.*

Es gibt eindeutige Qualitätsunterschiede, Si An setzt auf Frische und nicht auf Geschmacksverstärker.

Rykestr. 36 • U Eberswalder Straße • 030/40 50 57 75 • www.sian-berlin.de • Mo–So 12–24 Uhr

✳ Stadt Land Fluss

Benannt nach dem beliebten Kinderspiel, ist »Stadt Land Fluss« in diesem Restaurant Programm. Auf der Karte werden unter der Rubrik Stadt **Gemüsegerichte der Region** geführt, aus der Rubrik Land wählen die Gäste Fleischiges wie Pommersches Rindertatar und aus der Sparte Fluss die Leckereien aus deutschen, süßen und salzigen Gewässern.

Pappelallee 65 • U Eberswalder Straße • 030/40 57 47 36 • www.slf-restaurant.de • Mo–Sa ab 18 Uhr

✳ The Bird

Hinter dem Konzept stehen zwei echte New Yorker, die gern ganz klare Ansagen rund um ihre Burger machen. Richtig blöd finden sie zum Beispiel, wenn ihre **Rindfleisch-Burger** mit Messer und Gabel verzehrt werden – für einge-

saute Finger stehen schließlich Küchen-
rollen auf dem Tisch. Bei derart lecke-
rem Fast Food wird man aber auch
ohne Ansage gern mal zum Tier.

Am Falkplatz 5 • S/U Schönhauser
Allee • 030/51 05 32 83 •
www.thebirdinberlin.com • Mo–Fr
18–24, Sa–So 12–24 Uhr

✳ Volta

In dem 1980er-Jahre-Pavillon sitzt man
entlang der Fensterfronten in gemütlichen Sitznischen und beobachtet das
Geschehen in der offenen Küche. Dort
entstehen **raffinierte Gerichte**, wie
man sie so sicherlich noch nie gegessen
hat. Etwa Entrecote-Lollies an Zitronen-
gras oder eine indische Interpretation
der Currywurst.

Brunnenstr. 73 • U Bernauer Straße •
0178/396 54 90 (Reservierung via
SMS) • www.dasvolta.com • Mo–Sa
ab 18 Uhr

✳ White Trash

Die Bedienungen sind großflächig täto-
wiert und sprechen breites US-Englisch.
Der Laden war einmal ein Irish Pub und
brachte die ehemalige Einrichtung eines
China-Restaurants mit. Das alles ist so
skurril, dass es Touris und Berliner gleichermaßen in Scharen anspült, die sich
hier auf ein **ehrliches Steak**, Burger
oder Burritos treffen.

Schönhauser Allee 6–7 • U Rosa-
Luxemburg-Platz • 030/50 34 86 68 •
www.whitetrashfastfood.com •
Mo–Fr ab 12, Sa–So ab 18 Uhr

✳ Zum dritten Mann

Eines der Lokale im Wettstreit um das
beste Schnitzel der Stadt. Als Österrei-
cher haben die Macher natürlich einen
kleinen Vorteil, wenn es um die Zubereitung des **Wiener Schnitzels** geht.
Tafelspitz mit Kräuterpüree und Apfel-
kren können sie hier aber auch sehr gut.
Passend zur modernen Hausmannskü-
che beweist das Ambiente Zeitgeist.

Kollwitzstr. 87 • U Eberswalder
Straße • 030/40 50 50 18 •
www.zumdrittenmann.de •
Di–Fr 12–1, Sa–So 10–1 Uhr

Wellness

So ein Mädelstrip kann anstrengend sein – ermüdend für den Geist und erschöpfend für die Füße. Wer bis zuletzt fit bleiben möchte, sollte nebst Power-Shopping, Sightseeing und Kulturprogramm auch Pausen einplanen. Prenzlauer Berg bietet dafür einige feine Ruhe-Oasen. Neben einem Aufenthalt im Badefass oder einer schweißtreibenden Runde in der Sauna können Wellness-Freaks im Schwebebad der Schwerkraft zum Trotz durch die Gegend floaten – oder sich von in einem buddhistischen Kloster ausgebildeten Thai den Körper geschmeidig massieren lassen. Das bringt selbst gestresste Großstädter auf den Boden der Wahrhaftigkeit zurück.

✳ Betty Beauty

Die »Betty Beauty« hat den Dreh raus: Mit ihrem funky eingerichteten Studio verbreitet sie **hawaiianische Urlaubsstimmung**. Bei der Lomi-Lomi-Nui-Tempelmassage legt sie sogar noch einen drauf und versetzt ihre Kundinnen durch Hula-Rhythmen und Unterarmstreichungen in Südseezauber. Kosmetik und Co. kann sie aber auch.

....

Swinemünder Str. 7 • Tram Zionskirchplatz • 030/20 14 40 46 • www.bettybeauty-kosmetik.de • Mo Massagetag, Di–Fr 11–19, Sa 12–16 Uhr

Geht gar nicht

Der Besuch einer der Fisch-Spas in Prenzlauer Berg. Sie sind in Nordrhein-Westfalen, Hessen und Niedersachsen bereits verboten. Sich von Kangalfischen die abgestorbenen Hautzellen von den Beinen abknabbern zu lassen, ist aus Sicht des Tierschutzes höchst umstritten. Also: Lieber im Kosmetikstudio ein Peeling buchen!

✳ Cleopatra Sauna

Dass in Anbetracht des Namens die Einrichtung einen leicht ägyptischen Einschlag hat, verwundert nicht. Wohl aber, dass es in dieser Sauna neben einem **Bio Saunarium** (65 Grad), einer finnischen Sauna (90 Grad) und einem Dampfbad (50 Grad) auch eine minus 30 Grad kalte Kältekammer gibt. Ob Cleopatra das gefallen hätte?

....

Zwischen Sightseeing und Shopping muss auch noch Zeit für Entspannung sein.

Ostseestr. 107 • Tram Greifswalder
Straße/Ostseestraße •
030/75 44 20 01 • www.cleopatra-
sauna.de • tgl. 10–16 Uhr

Die Wohlfühler

Ein Potpourri aus Entspannung, Bewegung und Schönheit bieten »Die Wohl-
fühler«. Für Entspannung sorgen
Massagen. Bewegung
kommt durch Yoga
oder Pilates ins Spiel,
und Kosmetikbehand-
lungen, Masken, Kör-
perpeelings, Enthaarung,
Mani- und Pediküre runden
das Beautyprogramm ab.

Kollwitzstr. 75 • Tram Marienburger
Straße • 030/40 30 13 34 • www.
diewohlfuehler.de • Mo–Fr 8–21,
Sa 10–20, So 12–20 Uhr

Float Berlin

Völlig losgelöst! Dieses Schwebebad
bringt seine Besucher schwerelos zur
totalen Entspannung. Die Anti-Stress-
Wirkung beim Floaten ist ein einzigar-
tiges Erlebnis – fast wie ein Bad im
Toten Meer. Kein Wunder: 400 Kilo Salz
werden in 600 Litern Sole gelöst und
lassen die Badenden genau wie das Na-
turvorbild auf dem Wasser schweben.

Dunckerstr. 12 • Tram Fröbelstraße •
030/44 03 65 00 • www.float-berlin.de •
Do–Mo 12–21 Uhr

Gewölbesauna

Mit den Mädels in die Sauna – das ist
ein Klassiker, der sich durch alle Gene-
rationen zieht. Besonders schön in der
Gewölbesauna ist die Auswahl zwischen der finnischen Sauna mit 100
Grad und deftigem Aufguss oder der
Kräutersauna mit 75 Grad und wohltu-
enden Düften. Ganz harte Girls tauchen
anschließend ins eiskalte Becken ab.

Fröbelstr. 17 • Tram Fröbelstraße •
030/423 28 27 • www.gewoelbe-
sauna.de • Mo–Fr 15–23, Sa–So 15–
(Sept.–Mai), Mo–Fr 15–23 Uhr
(Juni–Aug.)

Lotus Massage

Gesundheitsmassage à la Thailand. Das
komplette Team der »Lotus Massage«
wurde am berühmten Kloster Wat Po in
Bangkok ausgebildet und geht nun den
Nacken- und Rückenschmerzen, Verspan-
nungen und Blockaden, Erschöpfungszu-
ständen und der Nervosität der Westler
an den Kragen. Auf Wunsch auch per
Fußreflex-Massagen.

Zionskirchstr. 34+38 • Tram Zionskirchplatz • 030/47 37 49 40 •
www.lotus-massage.de •
Mo–Sa 9–21 Uhr

Olivin Wellness Lounge

Entspannen, Wohlfühlen und Loslassen:
Die »Olivin Wellness Lounge« kombi-
niert die Wohlfühlzonen »Lounge« und

»Sauna« zu einem stilvoll eingerichteten Gesamtwerk. In der finnischen Sauna wird also geschwitzt, danach im **warmen Holz- und Backsteinambiente** gechillt. Das perfekte Gegenmittel gegen lange, kalte Winter in Berlin.

Schönhauser Allee 177 • U Senefelderplatz • 030/44 04 25 00 • olivin-berlin.com • Mo–So 12–24 Uhr

jeder Menge Power-Entspannung. Auf vier Etagen mit Dachterrasse und Hofgarten werden Massagen, Sauna, Dampfbad, Yoga-Kurse und Meditation angeboten. Danach geht's ins Bistro auf einen leckeren ayurvedischen Snack.

Rykestr. 3 • U Senefelderplatz • 030/48 49 57 80 • ayurveda-wellness-zentrum.de • Mo–Sa 10.30–20 Uhr

✳ Saunabad

Mitten in der Großstadt sieht es in diesem Berliner Hinterhof plötzlich aus wie in Skandinavien. Die **finnische Blockhaussauna** ist von einem großen Naturgarten umgeben. Innen wird bei Temperaturen um die 100 Grad geschwitzt. Alternativ stehen das Biofeuchtsaunarium mit 75 Grad, ein Ruheraum und ein Lesesaal sowie die Massagebank parat.

Rykestr. 10 • U Senefelderplatz • 030/44 04 63 97 • saunabad-berlin.de • Frühling/Herbst/Winter tägl. 15–24, Sommer tägl. 18–24 Uhr

✳ Ruhepool Berlin

Eigentlich sollen die Gäste in den großen **Badefässern** einmal richtig abschalten. Aber es gibt doch so viel zu überdenken: Bucht man eine professionelle Massage oder begibt man sich in die Hände eines Heilpraktikers für eine Beauty-Behandlung?! Wem das zu »stressig« ist, bucht eine private Saunaeinheit; deren Besuch ist auch zu zweit möglich

Winsstr. 69 • U Senefelderplatz • 030/41 71 73 74 • www.ruhepool-berlin.com • tgl. 10–22 Uhr

✳ Surya Villa

Das **Ayurveda Wellness Zentrum** »Surya Villa« empfängt den Gast mit einem leuchtenden Sonnengelb und

Ayurvedische Ölmassagen bietet zum Beispiel das »Surya Villa Wellness Zentrum« an. →

Ausgehen

Tagsüber rollen über das Pflaster von Prenzlauer Berg mehr Kinderwagen als in irgendeinem anderen Stadtteil des Landes – zumindest gefühlt. Abends aber, wenn alle Kinderlein süß schlafen, tobt das Nachtleben so doll wie eh und je. Kiezkneipen und Bars bespaßen Bewohner und internationale Besucher gleichermaßen. Da wird in Flohmarktsesseln gelümmelt oder auf Flokatihockern geflirtet. Manch einer soll, die Flasche Bier in der einen Hand und den Schläger in der anderen, beim Rundlauf um die Tischtennisplatte schon die große Liebe getroffen haben. Eine der Bars nennt unverblümt, worum es einigen der Jungs und Mädels am Tresen geht. Sie heißt: »Zu mir oder zu dir«.

✳ 8mm Bar

Sie ist klein, düster, überfüllt und laut – und bei **Rockbands** sehr beliebt. Im Gedränge ist die Kontaktaufnahme extrem einfach, und die Männer sehen am Ende doch viel härter aus, als sie tatsächlich sind. Als Stimmungsmacher laufen an die Wand projizierte Filmklassiker – davon leitet sich auch der Name des Szenelokals ab.

....

Schönhauser Allee 177b • U Senefelderplatz • 030/40 50 06 24 • www.8mmbar.com • Mo–Do 20–4, Fr–So 21–6 Uhr

✳ Dr. Pong

Ein wenig erinnert die Atmosphäre im »Pong« an Jugendheim und Klassenfahrt. In einem unaufgeregt simpel eingerichteten Raum laufen die Gäste zum DJ-Beat im Rundlauf um eine **Tischtennisplatte**. Viele kommen aus den nahe gelegenen Hostels. So wird der Rundlauf zur internationalen Völkerverständigung. Einfach toll!

....

Eberswalderstr. 21 • U Eberswalder
Straße • www.drpong.net • Mo–Sa
ab 20, So ab 19 Uhr

Christburger Str. 6 • U Eberswalder
Straße • 0157/85 92 12 21 • www.bar-
immertreu.de • tgl. ab 20 Uhr

✳ Frannz Club

Auf zwei Floors bringen die Resident
DJs des »Frannz Clubs«
die **Partymeute** zum
Zappeln. Bei »tannz im
frannz« wird auf einer
Fläche Pop, Rock und
Dance gespielt, während die
andere mit House, Techno und
Elektro beschallt wird. Während der
Woche bietet der Club Lesungen, Knei-
penquiz, Konzerte, Tangoabende und Co.

Schönhauser Allee 36 • U Eberswalder
Straße • 030/726 27 93 29 •
www.frannz.com

✳ Immertreu

Nicht sich von der gepolsterten Tür ab-
schrecken lassen, sondern einfach klingeln. Denn innen serviert das schwarz
bekleidete Barpersonal erstklassig gemixte **Cocktails** jenseits klebriger Piña
Coladas. Auf der Karte steht eine über-
schaubare Auswahl, mehr gibt es auf
Nachfrage.

*Gute Cocktails bietet die Bar »Immer-
treu« an ihrem langen Tresen. Ein
idealer Ort, um bei gedämpftem Licht
einen hektischen Tag zu vergessen.* →

✳ Kohlenquelle

Dieser Ort hat eine ur-
bane Schönheit, wie
Berlin sie liebt. Bei
Sonnenschein sit-
zen die Gäste nahe
den S-Bahnschienen, um-
geben von Graffitis und
Kopfsteinpflaster. Das Innenle-
ben hat **Flohmarktcharme** mit Patina.
Zur Kundschaft zählt die kreative Szene,
die auf der Kopenhagener Straße ihre
Studios hat.

Kopenhagener Str. 16 • S/U Schönhauser Allee • www.facebook.com/
kohlenquelle • Mo–Fr ab 9, Sa–So
ab 10 Uhr

Industrie-Ambiente trifft in der Bar »Le Croco Bleu« auf Kitsch.

✳ Le Croco Bleu

Der Industriebau ist das neue Heim gleich zweier toller Institutionen: Dem bodenständigen Lokal »La Soupe Populaire« von Spitzenkoch **Tim Raue** und der Bar »Le Croco Bleu«. Hier lädt ein versierter Gastgeber, der aussieht wie aus einem 1920er-Jahre-Katalog, zu gut gemachten Drinks in gediegenem, aber zugleich schrägem Ambiente.

Prenzlauer Allee 242 · U Rosa-Luxemburg-Platz · 0177/443 23 59 · www.lecrocobleu.com · Do–Sa ab 18 Uhr

↑ *Ein absolutes Highlight in der »Saphire Bar« ist die individuelle Beratung durch den Chef hinter dem Tresen.*

✳ Luxus

Der Name ist nicht unbedingt Programm in dieser **Bar**. Denn es geht eher locker bis studentisch zu. Bei gutem Wetter sind die Plätze auf dem Bürgersteig eine gute Wahl, ansonsten der runde Tresen, an dem der Barkeeper Klassiker wie Screwdriver, Gin Fizz oder Mojito zubereitet.

Prenzlauer Allee 197 · S Prenzlauer Allee · tgl. ab 20 Uhr

✳ Marietta Bar

Die süße Retro-Bar hat **Wohnzimmer-Atmosphäre**. Mit viel Liebe zum Detail stimmten die aus Magdeburg stammenden Betreiber die Einrichtung aufeinander ab. Geöffnet ist vom Frühstück bis zum letzten Absacker. Im Keller steigen gelegentlich Partys.

Stargarder Str. 13 · S/U Schönhauser Allee · 030/43 72 06 46 · www.marietta-bar.de, Mo–Do 10–2, Sa, So 10–4 Uhr

✳ Neu Bar

Auf dem Rückbuffet der Bar steht »Apotheke«, am Tresen vertrauen die Patienten auf die heilsamen Kräfte der hier gehandelten Mixturen. Aus den Fläschchen des Apothekerschranks entstehen **gut gemachte Drinks** wie Hendricks

Gin mit Indian Tonic und Gurke. Ein Pro-
sit auf die Medizin!

Greifswalder Str. 218 • Tram Hufelandstraße • Di–So ab 20 Uhr

✳ Saphire Bar

Die DNA der Bar steht für **guten Stil**: Es
gibt Wandverkleidungen aus gestreif-
tem Zebranoholz und weiße Ledersofas,
die kommunikativ im Kreis verlaufen.
Das ist zwecks Kontaktaufnahme äußerst praktisch. Außerdem toll: In dem
golden leuchtenden Licht der indirekten
Strahler sieht der Teint frisch und gesund aus.

Bötzowstr. 31 • Tram Hufelandstraße •
030/25 56 21 58 • www.saphirebar.de •
tgl. ab 20 Uhr

✳ Schwarzsauer

Einer der treuesten Begleiter im Nachtleben des Prenzlauer Bergs. Das
»Schwarzsauer« ist am Abend gerap-

↑   *Mindestens so gemütlich wie
die eigenen vier Wände ist die Bar
»Wohnzimmer«.*

pelt voll und jede Nacht bis fünf Uhr
morgens geöffnet. Es bedarf wenig Vor-
stellungskraft, wie viele **Absacker** auf
dem Weg nach Hause hier schon
die Kehlen heruntergespült
wurden – und aus wie vielen
zwei oder mehr wurden.

Kastanienallee 13 • U Eberswalder
Straße • 030/448 56 33 • Mo–So
15.30–5 Uhr

✳ Soupanova

Flower-Power, Blümchentapete, **Floh-
marktmöbel**: Im »Soupanova« ist die
Zeit stehen geblieben und Erinnerun-
gen aus der Kindheit flackern auf. Wer
hier den Wodka aus Versehen auf dem

Don't miss

Ein Besuch in den alten Ost-
Kneipen. Nach der Wende eröffneten moderne Szenebars
in Scharen. Kneipen wie die
»Bornholmer Hütte« (Born-
holmer Straße 89) haben die
Invasion glücklicherweise un-
verändert überlebt.

Spermüll-Sessel auskippt, wird nicht schräg angeguckt. Das kann schon mal passieren. Zur lockeren Atmosphäre passen Snacks wie Suppen, Gemüse-spieße, Quesadillas und Nachos. Im Sommer kann man auch gemütlich draußen sitzen. Im Nebenraum finden immer wieder kleine Konzerte oder Lesungen statt, für die man dann auch Eintritt bezahlen muss.

Stargarder Str. 24 • S/U Schönhauser Allee • www.soupanova.de • Mo–So 18–3 Uhr

✳ Wohnzimmer

Tagsüber haben die berühmt berüchtigten Muttis vom Prenzlauer Berg den Helmholtzplatz samt Spielplatz und Kindercafé fest im Griff. Abends bäumt sich das »Wohnzimmer« gegen die Verbürgerlichung des Kiezes mit **rauem Charme**, Sperrmüllmöbeln, günstigen Drinks und manchmal sogar einem kostenlosen Stück Kuchen auf. In dieser Location mit bunt zusammengewürfelter Gemütlichkeit findet jeder das Sofa, das ihm gefällt. Drinnen wird ebenso wie draußen vegetarisch gespeist.

Lettestrasse 6 • S/U Schönhauser Allee • 030/44 55 45 8 • www.wohnzimmer-bar.de • Mo–So ab 10 Uhr

Einen Grund zum Anstoßen gibt es immer. Die Bars in Prenzlauer Berg bieten beste Voraussetzungen. →

✳ Zu mir oder zu dir

Psychedelische Muster an den Wänden, Kugellampen, Kunststoff-Raumteiler: Hier geht es nicht um Wellness, sondern um **Feiern**. Am Wochenende geht die Chance, einen der Fellhocker zum Sitzen abzugreifen, gegen null. Aber im Stehen lässt  sich sowieso auch besser flirten, und es heißt schneller »Zu mir oder zu dir?«. Im Sommer sieht es besser aus: Dann kann man sich einfach vor den Laden setzen, um bei einem Drink miteinander zu quatschen.

Lychener Str.15 • U Eberswalder Straße • 0176/24 41 29 40 • www.zumiroderzudir.com • Mo–So ab 19 Uhr

Übernachten

Obwohl viele Bewohner des Stadtteils inzwischen zu den Besserverdienern gehören, spiegelt sich dieser Umstand nicht unbedingt in der Hotellandschaft wider. Die teuren Design- und Luxushotels stehen eher in Mitte oder im Westen der Stadt. Prenzlauer Berg dagegen wartet mit kreativen Individuallösungen auf. Da verwandeln sich Hotelzimmer in einen Wald, oder wird ein Spätkauf – also ein auch spätabends geöffneter Kiosk – zur günstigen Herberge. Um dem Einerlei normaler Hotels zu entkommen, setzen einige Häuser hier auf Individualität bei der Zimmergestaltung. In manch einem Hotel ähnelt kein Raum dem anderen.

✳ Ackselhaus

Die Zimmer heißen Afrika, China, Movie oder Picasso, Rom, Safari oder Strandhaus. Entsprechend der Namensgebung sind sie thematisch eingerichtet. Da hängen Antilopenköpfe an den Wänden oder stehen **antike Terrakotta-Krieger** im Raum, es gibt Filmkuss-Fotos und Picasso-Bildbände auf dem Tisch.

Belforter Str. 21 • U Senefelderplatz • 030/44 33 76 33 • www.ackselhaus.de

✳ Kastanienhof

Mit seinen vielen Flaggen an der Fassade lässt der »Kastanienhof« draußen internationales Flair aufkommen. In den **Themenzimmern** wie etwa Rosenthaler Tor, Kastanienallee und Prater Berlin

geht es dagegen lokal zu. Hier wird geschichtsträchtigen Berliner Orten mit Fotos und Zeichnungen gehuldigt.

Kastanienallee 65 • U Senefelderplatz • 030/44 30 50 • www.kastanienhof.biz

✳ Linnen

In den sechs unterschiedlich eingerichteten Zimmern des zentral gelegenen **Boutiquehotels**, treffen handverlesene Vintage-Stücke auf Mustertapeten, holzverkleidete Wände und Leuchten im Industrie-Look. Individualität ist Programm. Die Schlüssel händigen die deutsch-kanadischen Betreiber im angeschlossenen Café im Erdgeschoss aus.

Eberswalder Str. 35 • U Eberswalder Straße • 030/47 37 24 40 • www.linnenberlin.com

✳ Meininger

Strategisch nah an Mauerpark und Kastanienallee gelegen, zieht das Meininger besonders das **junge Publikum** an. Für den Mädelsurlaub mit mehreren Personen lassen die Mehrbettzimmer Jugendherbergs-Feeling aufkommen. In der kommunikativen Lounge bietet der Billardtisch die Chance, die Bewohner der Nachbarzimmer kennenzulernen.

Schönhauser Allee 19 • U Eberswalder Straße • 030/98 32 10 74 • www.meininger-hotels.com

✳ Schall und Rauch

Der Gleimkiez liegt etwas abseits der großen Touristenattraktionen und versprüht so gleich eine **authentische Berlin-Atmosphäre**. Die Zimmer sind schlicht und schön. Vor rohen Ziegelwänden stehen einfache Betten, übereinandergestapelte Koffer funktionieren als Nachttische und eine spartanische Garderobe ersetzt den Schrank.

Gleimstr. 23 • S/U Schönhauser Allee • 030/443 39 70 • www.schall-und-rauch.de

✳ Schlafen im Spätkauf

»Spätkauf« nennt der Berliner die kleinen Kioske, die auch nach dem üblichen Ladenschluss geöffnet sind. Über einem solchen nächtlich geöffneten **Mini-Supermarkt** verbergen sich im Obergeschoss zwei Zimmer, deren Betten zu unschlagbar günstigen Konditionen vermietet werden – pro Gast nur 20 Euro.

Choriner Str. 12 • U Senefelderplatz • 030/304 49 01 99 • www.sorjenpause.de

✳ The Blue Home

Tolle Holzmöbel ziehen sich durch die Einrichtung der **unterschiedlich ausgestatteten Zimmer**. Während der Gast im Studio im Kolonialherrenbett nächtigt, schläft er in der Suite Exklusiv im zeitlosen Teakholz-Ambiente. Bei schönem Wetter der absolute Renner: Das Sommerhaus mit mediterraner Holzterrasse.

Belforter Str. 21 • U Senefelderplatz • 030/44 33 76 33 • www.ackselhaus.de

✳ Yes Residenz

Residenz ist ein großes Wort, vor allem für ein so kleines Hotel. Julian Marhold hat mit der »Yes Residenz« eine improvisiert wirkende, aber bis ins Detail durchdachte Herberge erschaffen. Nach Betreten durch eine Glastür kommt **Outdoor-Stimmung** auf. An der Wand hängt Wald-Tapete, und unter einer Zeltplane stehen bis zu vier Feldbetten.

Fehrbelliner Str. 83 • U Rosenthaler Platz • 0176/40 10 87 72 • www.yesberlin.de

Berlin von A bis Z

Anreise

Alle Wege führen nach Berlin – hin kommt man natürlich mit dem Auto, aber auch mit Bus, Bahn oder Flugzeug.

→ Mit dem Bus

Mit dem Zentralen Omnisbusbahnhof am Funkturm, ZOB Berlin, und dem Berliner Ostbahnhof hat Berlin gleich zwei große Busbahnhöfe, die täglich von Reise-, Fern- und internationalen Linienbussen angefahren werden. Der ZOB ist durch den S-Bahnhof Messe-Nord/ICC und den U-Bahnhof Kaiserdamm mit dem öffentlichen Personennahverkehr verbunden. Von dort aus führen diverse S- und U-Bahnlinien in alle Teile der Stadt.

→ Mit dem Flugzeug

Der Flughafen Schönefeld liegt am südlichen Stadtrand Berlins und ist durch S-Bahnen und Regionalzüge direkt an die Berliner City angeschlossen. Die Fahrt dauert ca. 30 Minuten, Autos fahren über die Autobahn A 113 von hier aus in die Innenstadt.

Solange der Großflughafen BER nicht fertiggestellt ist, wird ein Großteil des Flugverkehrs über den alten Westflughafen Tegel im Norden Berlins abgewickelt. Er ist durch den Express-Bus TXL oder die Autobahn A 111 mit der City verbunden.

→ Mit der Bahn

Der Hauptbahnhof liegt in der Nähe des Regierungsviertels und wird nicht nur von ICEs und ICs, sondern auch von Regionalzügen angefahren und ist an das Berliner S-Bahnnetz angeschlossen. Mit der S-Bahn erreicht man Alexanderplatz oder Bahnhof Zoo in zehn Minuten. Letzterer ist der richtige Ausstiegsbahnhof für diejenigen, die nach Mitte, Prenzlauer Berg und in den Westteil der Stadt wollen. Wer in Kreuzberg oder Friedrichshain übernachtet, fährt zum Ostbahnhof, der ebenfalls als Fernbahnhof, Regionalbahnhof und S-Bahnhof dient.

→ **Berlin im Internet**
Offizielles Stadtportal mit Tipps u.a. zu Hotels, Restaurants, Bars, Shopping, Sightseeing: www.berlin.de. Hier kann man auch eine kostenlose Berlin-App runterladen.
Offizielles Tourismusportal mit umfangreichen Touristeninfos: www.visitberlin.de
Insider-Tipps von Bewohnern der Stadt: www.spottedbylocals.com
Bewertungsplattformen, die einen guten Überblick über die Qualität von Restaurants & Co. geben: www.golocal.de, de.foursquare.com, www.yelp.de, www.qype.de
und www.tripadvisor.de
Netze, Linien und Verbindungen der Berliner Verkehrsbetriebe:
www.bvg.de

Einkaufen

Berlin ist ein Shopping-Mekka für Fans von
origineller Mode und Design. Die interessantesten Meilen sind in Mitte
rund um den Hackeschen Markt, die
Neue und Alte Schönhauser Straße,
die Münz- und die Mulackstraße. In
Prenzlauer Berg haben sich entlang
der Kastanienallee und der Oderberger Straße, aber auch rund um den
Kollwitzplatz nette Läden angesiedelt. In Kreuzberg frequentiert
man die Bergmann-, Oranien- und
Schlesische Straße. Die großen Luxuslabels findet man auf der Friedrichstraße, am Kurfürstendamm und am
Tauentzien. Dazu gibt es zahlreiche
Shopping Malls wie das »Alexa« am
Alexanderplatz oder die »Potsdamer
Platz Arkaden« mit vielen verschiedenen Läden unter einem Dach. Die
einzige echte Fußgängerzone ist die
Wilmersdorfer Straße.

Feiertage & Feste

Berlin hat weniger Feiertage als die meisten
anderen Bundesländer, nämlich:

→ Neujahr
→ Karfreitag
→ Ostermontag
→ Tag der Arbeit
→ Christi Himmelfahrt
→ Pfingstmontag
→ Tag der Deutschen Einheit
→ 1. Weihnachtstag
→ 2. Weihnachtstag

Dafür hat die Stadt das wahrscheinlich größte Aufkommen an Kulturfesten.
Eine Auswahl:

JANUAR UND JULI
Fashion Week, Modewoche mit diversen Events und Veranstaltungen in der
ganzen Stadt, www.fashion-week-berlin.com

FEBRUAR
Internationales Filmfestival Berlinale, www.berlinale.de

30. APRIL
Walpurgisnacht im Mauerpark mit Live-Konzerten und Performances,
www.mauerpark.info

JUNI
Karneval der Kulturen, Musik, Tanz, Kunst, Kultur aus allen möglichen Ländern
der Welt, www.karneval-berlin.de
Christopher Street Day (CSD), Fest-, Gedenk- und Demonstrationstag mit Parade
von Lesben, Schwulen und Bisexuellen, www.csdberlin.de

21. JUNI
Musikfestival Fête de la Musique, www.fetedelamusique.de

SEPTEMBER
Berlinfestival, Live-Festival mit tollem Line-up, www.berlinfestival.de
Internationales Literaturfestival Berlin, www.literaturfestival.com

NOVEMBER
Interfilm, Internationales Kurzfilmfestival, www.interfilm.de
Berliner Krimimarathon, Lesungen und Events rund um den Krimi,
www.berliner-krimimarathon.de

Ferienwohnungen/Appartements
Neben einem klassischen Hotelaufenthalt bieten sich in Berlin viele Möglichkeiten,
in Appartements oder Wohnungen zu übernachten. Im Web findet sich eine über-
wältigende Anzahl an Häusern, Wohnungen und Zimmern, die von privat vermietet
werden. Einige hilfreiche Adressen:
→ www.airbnb.de
→ www.berlin.de
→ www.ferienwohnungberlin.net
→ www.fewo-direkt.de
→ www.berlin-lodge.de

Fundbüro
Verlorene Gegenstände findet man hoffentlich hier
wieder:
→ Zentrales Fundbüro Berlin
  Platz der Luftbrücke 6
  12101 Berlin
  Tel.: 030/902 77 31 01

Hop-on-Hop-Off-Touren
Gleich mehrere Anbieter bieten Rundfahrten an, die man
an den ca. 20 Stationen jeweils nach eigenem Interesse
unterbrechen kann. So können bestimmte Sehenswürdigkeiten ausgiebig erforscht werden, während man an
anderen einfach nur vorbeifährt. Wer auf Erkun-
dungstour geht, steigt einfach in einen späteren
Bus wieder ein. Die Rundtouren halten an fast
allen wichtigen Sehenswürdigkeiten wie dem
Kurfürstendamm mit KaDeWe, der Gedächtniskirche, dem Potsdamer Platz, Checkpoint
Charlie, dem Gendarmenmarkt, dem Nikolai-

viertel, dem Alexanderplatz, Unter den Linden, dem Berliner Dom, der Museumsinsel, dem Brandenburger Tor, dem Hauptbahnhof oder der Siegessäule.
www.berlin-city-tour.de
www.top-tour-sightseeing.de
www.bbsberlin.de

Laufstrecken

Jogging gehört zum Lieblingssport der Berliner. Kein Wunder: Die Stadt hat fast in jedem Wohnkiez eine grüne Oase. Die Klassiker unter den Joggingstrecken verlaufen durch den Tiergarten, den Schlosspark Charlottenburg, am Ufer des Landwehrkanals entlang oder rund um den Lietzensee. Längere Strecken gibt es in den insgesamt knapp 30 000 Hektar großen Waldgebieten Berlins wie dem Grunewald oder Teufelsberg, Tegeler-, Spandauer- oder Köpenicker Forst. Viele Strecken findet man auf www.berlin.de

Leihfahrräder

Call a Bike heißt das Mietfahrradsystem der Deutschen Bahn mit 50 festen Stationen in der Innenstadt Berlins, die registrierte Radler nutzen können. Die Registrierung erfolgt an den Terminals der Deutschen Bahn, unter 0700 05 22 55 22 oder auf www.bahn.de und kostet einmalig 12 Euro. Außerdem vermieten viele Fahrradläden und Hotels Räder, zum Teil schon ab 4 Euro pro Tag.

Museen

Berlin hat mehr als 170 Museen, von denen dieses Buch nur einen kleinen und feinen Ausschnitt vorstellen kann. Eine Liste mit allen Museen von A wie Ägyptisches Museum über D wie Deutsches Currywurst Museum und P wie Pergamonmuseum bis hin zu Z wie Zentralarchiv findet man auf www.berlin.de/orte/museum.

Nachtleben

Das Berliner Nachtleben zieht viele Besucher an. Manch einer macht die Zeit zwischen Hin- und Rückflug komplett durch und spart sich das Hotelzimmer. Denn eine Sperrstunde gibt es in Berlin nicht. Das bedeutet, dass in den meisten Clubs vor Mitternacht nicht viel los ist. Einen Überblick über aktuelle Partytermine bieten folgende Seiten:

→ www.berlin.prinz.de
→ www.tip-berlin.de
→ www.clubmatcher.de
→ berlin.nachtagenten.de (Adresse funktioniert nur ohne www.)
→ www.berlin030.de
→ www.clubcommission.de
→ www.clubfeeling.de

Öffentlicher Nahverkehr

Mit S-Bahn, U-Bahn, Tram (Straßenbahn) und Bus erreichen Berlinbesucher bequem und günstig die Ziele der Stadt – und das sogar in der Nacht. Tickets gibt es in der Tram, an Kiosken und an allen S- und U-Bahnhöfen. Sie sind in drei Tarifzonen eingeteilt: AB, BC und ABC, wobei die Touristenziele meist im Bereich AB liegen. Tickets für die Zone ABC löst man allerdings

für Fahrten nach Potsdam oder zum Flughafen Schönefeld. Ab drei Fahrten lohnt sich bereits eine Tageskarte.

Öffnungszeiten

Die durchschnittliche Öffnungszeit der Geschäfte ist 10 bis 20 Uhr, wobei gerade die szenigen Modeläden oftmals erst später öffnen. Viele Supermärkte und die sogenannten Spätkauf-Läden, liebevoll Spätis genannt, haben bis 24 Uhr oder sogar länger auf. An acht Sonntagen im Jahr darf zusätzlich zwischen 13 und 18 Uhr geöffnet werden.

Parks und Gärten

Berlin hat viele Parks und Gärten, und die Bewohner nutzen sie im Sommer als grünes Wohnzimmer. Eine Auswahl:

BOTANISCHER GARTEN
Einer der größten und artenreichsten botani-
schen Gärten der Welt liegt in Dahlem,
www.bgbm.org

GÖRLITZER PARK
An schönen Tagen versammelt sich hier der
ganze Mikrokosmos Kreuzberger Lebensart.

MAUERPARK
Keine Schönheit, aber Magnet für ein buntes Publikum vom Prenzlauer Berg,
www.mauerpark.info

TIERGARTEN
Was dem New Yorker der Central Park, ist dem Berliner der Tiergarten –
die grüne Lunge des Stadt.

VOLKSPARK FRIEDRICHSHAIN
An schönen Tagen tummelt sich hier fast die ganze Stadt.

Restaurants
Es gibt wohl kaum eine Nationalität, deren Speisen in Berlin nicht serviert werden.
Darüber hinaus denken sich Gastronomen immer neue und ausge-
feilte Konzepte aus: Vom vegetarischen Clubrestaurant bis zu
einem Lokal mit Neandertaler-Küche ist alles dabei.
Auch wenn die Preise in den letzten Jahren ange-
zogen haben, liegen sie oft noch immer unter
denen anderer deutscher Großstädte. In den meisten Restaurants sollte man reservieren. Ein Trink-
geld von zehn Prozent ist üblich.

Sicherheit
Wie in jeder Großstadt gibt es auch in Berlin Taschendiebe. Besonders bei größeren Menschenansammlungen, in der vollen U-Bahn oder in der Disco sollte man
Wertsachen nah am Körper tragen. Vorsicht auch in Cafés: Niemals unbeobachtet
die Tasche an der Stuhllehne baumeln lassen, sondern am besten auf den Schoß
nehmen. Das gute Stück könnte in kürzester Zeit verschwunden sein …

Einen großen Bogen sollte man um Hütchenspieler machen, die oft in der Nähe von Touristenattraktionen anzutreffen sind. Gegen diese Trickbetrüger verliert man immer.

Viele Berlinerinnen fahren auch am späteren Abend noch mit der BVG oder laufen durch die Innenstadt. Wem das unheimlich ist, der sollte sich ein Taxi nehmen.

Stadtführungen

Ob zu Fuß, mit dem Schiff, im Trabi, auf dem Fahrrad, joggend oder mit dem Flugzeug: Es gibt unzählige Wege, mit einem Touristenführer die Stadt zu erkunden. Neben allgemeinen Sightseeingtouren haben sich auch jede Menge Special Interest Touren etabliert: Wie wäre es mit einer Tour zu Streetart, Musik oder jüdischer Geschichte? Einige Anbieter sind:

→ www.stattreisen-berlin.de (Geschichte)
→ www.artberlin-online.de (Kunst)
→ www.berlinonbike.de (Radtouren)
→ www.air-service-berlin.de (Rundflüge)
→ www.trabisafari.de (Trabi-Safari)

Strand

Berlin liegt zwar nicht am Meer, aber Strände hat es trotzdem. Da sind zum einen die Strandbars wie am Badeschiff in Treptow, die »BeachBar« in Mitte oder das »Deck5« auf den Schönhauser-Allee-Arcaden in Prenzlauer Berg. Zum anderen suchen die Berliner an heißen Sommertagen gern mal in einem ihrer Strandbäder Abkühlung. Das berühmteste ist wohl das traditionsreiche Strandbad Wannsee (www.strandbadwannsee.de). In Ku'damm-Nähe befindet sich das Strandbad Jungfernheide (www.strandbad-jungfernheide.de), und von Prenzlauer Berg aus ist das ganzjährig geöffnete Strandbad Weißensee (www.binbaden.com) nur einen Steinwurf entfernt.

Taxi

Rund 7000 Taxis kurven durch Berlins Straßen. Entweder man winkt sich eines heran, geht an einen Taxistand oder ruft bei einer Taxizentrale an. Über die kostenlose App MyTaxi lässt sich ein Wagen auch per Smartphone bestellen.

Der Grundpreis für eine Fahrt liegt bei 3,20 Euro, der Kilometer kostet 1,65 Euro, ab dem siebten Kilometer 1,28 Euro.

Eine gute Sache für kurze Distanzen ist der »Winketarif«: Eine Kurzstrecke von zwei Kilometern kostet damit 4 Euro. Allerdings gilt sie nur in herangewunkenen, nicht in bestellten oder stehenden Taxis. Am besten dem Fahrer gleich beim Einsteigen Bescheid geben, damit es später keine Missverständnisse gibt.
Die wichtigsten Taxizentralen:

→ City Funk 030/21 02 02
→ Funk Taxi Berlin 030/26 10 26
→ Quality Taxi 030/26 30 00
→ Taxi Funk Berlin 030/44 33 22
→ Würfelfunk 030/21 01 01

Touristeninformation

Direkt am Flughafen oder am Hauptbahnhof sowie bei den wichtigsten Sehenswürdigkeiten gibt es Büros der Berlin Tourist Info. Die mehrsprachigen Mitarbeiter buchen auf Wunsch Hotels und Tickets. Auch die Berlin Welcome Card und Stadtpläne sind hier erhältlich.

Umweltzone

Die gesamte Berliner Innenstadt ist Umweltzone. Wer mit dem Auto dorthin will, braucht eine grüne Feinstaubplakette. Man kann sie im Internet unter www.berlin.de/labo für 6 Euro bestellen. Bei der KFZ-Zulassungsstelle kostet sie 5 Euro. Wer sich den Stress sparen will, parkt das Auto außerhalb des S-Bahnrings und fährt mit den Öffentlichen in die Stadt – angesichts des dichten Verkehrs und dem Mangel an Parkplätzen vielleicht die beste Idee.

Vegetarier

Fleischverweigerer haben es in Berlin gut. Sie können in einer Vielzahl vegetarischer und veganer Restaurants speisen – vom Gourmetrestaurant in Ku'damm-Nähe bis zum Schnellimbiss. Eine Übersicht gibt es auf www.berlin-vegan.de oder auf www.berlin.vebu.de.
Inzwischen reagieren sogar Currywurststände auf den Fleischlos-Trend und bieten die Traditionswurst als Soja-Variante an. Auch die zahlreichen türkischen und arabischen Imbisse sind eine gute Anlaufstelle für den Hunger zwischendurch: Dürüm mit Salat, Börek, Falafel, Haloumi und Gözleme schmecken auch ohne Fleisch.

In den beiden Supermärkten der Kette Veganz (www.veganz.de) in Prenzlauer Berg und Friedrichshain können sich Veganer mit Lebensmitteln eindecken, ohne angestrengt die Zutatenliste zu studieren.

Welcome Card

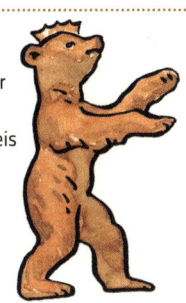

Das offizielle Touristenticket Berlins beinhaltet freie Fahrt für den öffentlichen Nahverkehr, viele Informationen sowie gut 200 Rabattgutscheine für Museen oder Restaurants. Der Preis richtet sich nach der Dauer des Aufenthalts. Die Welcome Card Museumsinsel bietet darüber hinaus freien Eintritt in die dortigen Museen exklusive Sonderausstellungen. Erhältlich sind die Tickets an den Verkaufsstellen der BVG, in Hotels und der S-Bahn sowie bei der Berlin Tourist Information.

Zeitungen & Zeitschriften

Keine Stadt Deutschlands hat so ein breites Angebot an Tagespresse. Das Spektrum reicht von Boulevard-Blättern wie der *BZ* und dem *Berliner Kurier* über die *Berliner Morgenpost*, die *Berliner Zeitung* und den *Tagesspiegel* bis hin zu einer Lokalausgabe der *TAZ*.

Die Stadtmagazine *Zitty* und *Tip* erscheinen gegenläufig alle zwei Wochen. Sie bieten einen hervorragenden Überblick über kulturelle Veranstaltungen und aktuelle Themen. Das Gratis-Magazin *030* liegt in Kneipen aus und informiert ebenfalls über wichtige Termine in der Hauptstadt.

Register

Straßenverzeichnis

In gleicher Reihe erschienen ...

978-3-7654-6820-9

978-3-7654-8457-5

978-3-7654-6820-9

978-3-7654-8232-8

Impressum

Verantwortlich: Stephanie Iber
Illustrationen: Cornelia Seelmann, Berlin
Redaktion: Nadja Pietraszek, Konstanz
Layoutkonzept und Umschlaggestaltung: coverdesign uhlig, Augsburg
Layout und Satz: VerlagsService Gaby Herbrecht, Mindelheim
Repro: Repro Ludwig, Zell am See
Kartografie: Huber Kartographie, München
Herstellung: Barbara Uhlig
Gesamtherstellung: Verlagshaus GeraNova Bruckmann

★ ★ ★ ★ ★

Sind Sie mit diesem Titel zufrieden? Dann würden wir uns über Ihre Weiterempfehlung freuen.
Erzählen Sie es im Freundeskreis, berichten Sie Ihrem Buchhändler, oder bewerten Sie bei Onlinekauf.
Und wenn Sie Kritik, Korrekturen, Aktualisierungen haben, freuen wir uns über Ihre Nachricht an Bruckmann Verlag, Postfach 40 02 09,
D-80702 München oder per E-Mail an lektorat@verlagshaus.de.

Unser komplettes Programm finden Sie unter  www.bruckmann.de

Umschlagrückseite: Hüttenpalast in Neukölln © Jan Brockhaus

Bildnachweis: S. 15: mkrberlin. S. 18: Baerck/Vera Hofmann. S. 20: Fortschritt-Berlin. S.21: Hecking, Berlin. S.22: Worldpics. S.23: Sabrina Dehoff, Berlin. S.25: Clärchens Ballhaus, Berlin/Bernd Schönberger. S. 27 (oben): Mogg & Melzer/Steve Herud. S. 27 (unten): Kopps, Berlin. S. 31: Oliver Tjaden. S. 32: Spirit Yoga, Berlin. S. 33: Elena Shashkina. S. 35: Drayton Bar, Berlin/Nils Krueger. S. 37: Dominik Wojcik. S. 39: Arte Luise Kunsthotel GmbH. S.40: HONIGMOND GmbH. S. 41, S. 43: diephotodesigner.de OHG. S. 42: Miniloft, Berlin. S. 49: Pawel Szczepanski. S. 50 (oben): erzetic. S. 50 (unten): Carlos Neto. S. 53: Box Off Berlin. S. 55: Jon-Sebastain Riedel. S. 56: shutterstock/ 578foot. S. 57: Voo Store Berlin. S. 59: 3Schwestern. S. 60: Kimchi Princess/Felix Park. S. 63: Lavanderia Vecchia. S. 64: Ko Backpacko. S. 65: Florian Lein. S. 67: Tilo Wiedensohler. S. 69: Ankerklause, Berlin. S. 71: Lido, Berlin. S. 72: Spindler & Klatt, Berlin. S. 75 : Jan Brockhaus. S. 76: Cat's Pajamas. S. 83: Cinema Paris Betriebs GmbH/Rolf von der Heydt. S.85 (oben), S. 91: shutterstock/360b. S. 85 (unten): shutterstock/Bocman1973. S. 86: Ariy. S. 89: 140z, Berlin. S. 92: Umasan, Berlin. S. 95: Buddha Republic. S. 101: Thermen am Europacenter. S. 103: Adagio. S. 104: Pressmaster. S. 105: Lebensstern. S. 106: alphaspirit. S. 107: Victoriabar, Berlin. S. 109: Stue, Berlin. S. 111: Thomas Schweigert, Berlin. S. 112: brezzell. S. 113: Torsten Roman, Berlin. S. 119: PHOTOCREO Michal Bednarek. S. 120: linerpics. S. 125: Stoffbruch, Berlin. S. 126: Sorted Store, Berlin. S. 127: Stoffbruch Berlin. S. 129: KN. S. 131: Björn Wechsellicht. S. 132: Schneeweiß, Berlin. S. 135 (oben): Kiezsauna/Rolf Walter. S. 135 (unten): Marina Stamm S.137: Soon Lee. S. 139: thorsten klapsch, photographie, berlin. S. 141 (oben): EASTERN-COMFORT hostel- and hotelboat berlin GmbH. S. 141 (unten): Almodóvar/Katharina Kern. S. 142: Michelberger, Berlin. S. 143: Ostel Hotel, Berlin: S. 149: Juergen Hohmuth/zeitort.de. S. 150: Axel Lauer. S. 151: shutterstock/ gary718. S. 152: shutterstock/badahos. S. 155: Temporary Showroom. S. 157: Garments. S. 158: shutterstock/ Axel Lauer. S. 161: Konnopke's Imbiss, Berlin. S. 162: HandmadePictures. S. 163: conrado. S. 164: Bernd Juergens. S. 167 (oben): Gudrun Muenz. S. 167 (unten): Poznyakov. S. 169: Kzenon. S. 171: Immertreu. S. 172: Jens Peter Randt. S. 173: Saphire Bar, Berlin. S. 174: Wohnzimmer, Berlin S. 175: Cristi Lucaci.

Die Deutsche Nationalbibliothek verzeichnet diese Publikation in der Deutschen Nationalbibliografie; detaillierte bibliografische Daten sind im Internet über http://dnb.d-nb.de abrufbar.

© 2014 Bruckmann Verlag GmbH

ISBN 978-3-7654-8233-5